INVENTAIRE
V37468

I0148128

MÉMOIRE

POUR SERVIR A FAIRE CONNAITRE LE RÉGIME DES EAUX
DE L'ARRONDISSEMENT DE DUNKERQUE,

TANT POUR LE DESSÈCHEMENT DU PAYS QUE POUR LA NAVIGATION, L'IRRIGATION
ET L'ALIMENTATION DE LA VILLE DE DUNKERQUE PAR LES EAUX DOUCES;

COMPRENANT LA DIVISION ET LA NOMENCLATURE DU TERRITOIRE SOUMIS AUX
WATERINGUES, AVEC RECHERCHES ET OBSERVATIONS PROPRES A RÉSOUDRE
PLUSIEURS DES QUESTIONS PROPOSÉES POUR LES ASSISES DU
CONGRÈS ARCHÉOLOGIQUE DE FRANCE QUI SE TIENDRONT
A DUNKERQUE EN AOUT 1860,

ACCOMPAGNÉ D'UNE CARTE
DE L'ARRONDISSEMENT,

Par M. DURAND, ✳,
CONDUCTEUR SPÉCIAL DE LA 1ᵉ SECTION DES WATERINGUES.

C. M.

DUNKERQUE.
Ch. MAILLARD, LIBRAIRE-ÉDITEUR,
6, rue du Pied-de-Vache.

1860.

Typographie BENJAMIN KIEN, rue Nationale, 22.

MÉMOIRE

POUR SERVIR A FAIRE CONNAITRE LE RÉGIME DES EAUX DE L'ARRONDISSEMENT DE DUNKERQUE,

TANT POUR LE DESSÈCHEMENT DU PAYS QUE POUR LA NAVIGATION, L'IRRIGATION
ET L'ALIMENTATION DE LA VILLE DE DUNKERQUE PAR LES EAUX DOUCES ;

COMPRENANT LA DIVISION ET LA NOMENCLATURE DU TERRITOIRE SOUMIS AUX
WATERINGUES, AVEC RECHERCHES ET OBSERVATIONS PROPRES A RÉSOUDRE
PLUSIEURS DES QUESTIONS PROPOSÉES POUR LES ASSISES DU
CONGRÈS ARCHÉOLOGIQUE DE FRANCE QUI SE TIENDRONT
A DUNKERQUE EN AOUT 1860,

ACCOMPAGNÉ D'UNE CARTE

DE L'ARRONDISSEMENT,

Par M. DURAND, ✳,

CONDUCTEUR SPÉCIAL DE LA 4e SECTION DES WATERINGUES.

DUNKERQUE.

CH. MAILLARD, LIBRAIRE-ÉDITEUR,
6, rue du Pied-de-Vache.

1860.

Typographie BENJAMIN KIEN, rue Nationale, 22.

C.

MÉMOIRE

POUR SERVIR A FAIRE CONNAÎTRE LE RÉGIME DES EAUX DE L'ARRON-
DISSEMENT DE DUNKERQUE, TANT POUR LE DESSÈCHEMENT DU
PAYS QUE POUR LA NAVIGATION ET L'ALIMENTATION DE LA VILLE
DE DUNKERQUE PAR LES EAUX DOUCES.

CHAPITRE 1er.

Régime des Eaux.

Pour bien faire comprendre les relations des eaux de la mer avec
les eaux douces qui nous sont fournies par la rivière de l'Aa, j'ai
besoin de présenter quelques observations pratiques sur les mouvements des eaux de la mer; ces eaux s'élèvent et s'abaissent chaque
jour par les mouvements réguliers de flux et reflux, ces oscillations
produisent deux hautes mers et deux basses mers dans environ 24 heures;
la hauteur des marées varie avec les déclinaisons du soleil et de la
lune et avec leurs distances à la terre. Plus la mer s'élève quand elle
est pleine, plus elle s'abaisse dans la basse mer suivante; c'est ce qui
a fait donner les noms de vive-eau et morte-eau. Ainsi, en moyenne,
en vive-eau la mer monte de 5^m 45 et s'abaisse à zéro, qui est le busc
de l'écluse de la Cunette; en morte-eau, elle monte de 4^m 40 et descend à 1^m 08 au-dessus du même busc. Il y a des marées extraordinaires qui se sont élevées à 6^m 50 et au-dessus; ces marées sont dues
à des causes qui ne peuvent être traitées dans ce simple ouvrage.

La connaissance des différents plans d'eau dans les canaux qui environnent Dunkerque, et qui servent à la navigation en même temps
qu'à l'irrigation, est indispensable pour pouvoir bien apprécier ce
qu'est la rivière de l'Aa par rapport à Dunkerque; elle est un trésor
pour le pays qu'elle traverse, toutes les populations la réclament à
l'envi; le système des diverses écluses à sas construites sur ses embranchements est d'une combinaison fort heureuse; il fertilise les
campagnes, donne la santé aux habitants et produit le bonheur et
l'abondance chez l'agriculteur. Nous allons prendre cette rivière à son
débouché, à St-Omer, et la suivre jusqu'à la mer.

Toutes les cotes en chiffres exprimeront toujours une hauteur au-
dessus de la basse mer à Dunkerque, qui est supposée zéro au busc de
l'écluse de la Cunette.

Les écluses qui débouchent à la mer par le port de Dunkerque ont différentes fonctions ; l'écoulement à la mer des eaux du pays, la retenue des eaux pour la navigation intérieure et pour l'irrigation, la navigation maritime et les chasses pour le déblai de l'entrée du chenal, la défense de Dunkerque et du pays par les inondations.

RIVIÈRE DE L'AA

Elle prend sa source un peu au-dessus du village de Bourth, dans le département du Pas-de-Calais ; elle entre dans le département du Nord à St-Momelin, et se dirige sur Gravelines, où elle se jette dans la mer.

Le plan d'eau à l'écluse du Haut-Pont, à St-Omer, est coté $5^m 23$, c'est à peu près celui de nos marées en vive-eau ; elle se jette à la mer, après avoir fait un parcours de 29,661 mètres, par le port de Gravelines, où son plan d'eau se trouve abaissé à la cote $4^m 94$. A l'entrée de ce port, Vauban a construit de belles écluses pour la retenue des eaux pour les besoins de la navigation et de l'agriculture ; elle pénètre dans le territoire des Wateringues par des canaux navigables et devient une nouvelle richesse pour le pays ; son premier débouché est à Wattendam, à 10,719 mètres de St-Omer, mesurés en suivant le cours de la rivière. Son plan d'eau s'abaisse de suite à la cote $4^m 12$, au moyen d'une écluse à sas, et donne naissance à la Haute-Colme.

HAUTE-COLME.

Cette branche de la rivière de l'Aa suit son cours jusqu'à Bergues, sur une longueur de 24,175 mètres ; elle s'arrête à Linck, avec son plan d'eau de $4^m 12$; là un nouveau sas réduit son plan à la cote $3^m 25$; elle se jette ensuite dans le sas de Lunégatte, à Bergues, pour former le canal de ce nom et la Basse-Colme.

CANAL DE BERGUES.

Communication très-active entre Dunkerque et Bergues, reliant entre eux le fort Français et le fort Louis ; son plan d'eau est coté $2^m 79$ jusqu'à son débouché à la mer par l'écluse de l'arrière-port ou par le nouveau canal de dérivation ; son parcours est de 8,356 mètres.

CANAL DE LA BASSE-COLME.

Ce canal semble être le prolongement de la Haute-Colme ; il commence à Bergues, à l'écluse dite de Furnes, et communique avec la Belgique ; son plan d'eau, jusqu'à la frontière, est coté $2^m 74$; la différence de hauteur au-dessus du plan d'eau du canal de Bergues permet d'écouler les eaux à la mer par ce canal : son parcours est de 11,486 mètres. A Houtem, son plan d'eau change au moyen d'un sas ; il se joint ensuite au canal de Loo, après avoir contourné une partie de la ville de Furnes.

BECQUE D'HONDSCHOOTE.

Cette becque est un embranchement de la Basse-Colme qui communique avec la ville d'Hondschoote pour la navigation; elle a un parcours de 2,280 mètres. Son plan d'eau est le même que celui du canal ci-dessus, avec lequel il est en communication directe.

CANAL DE BOURBOURG.

Ce canal est une autre branche de la rivière de l'Aa, au moyen d'un sas établi au Guindal; son plan d'eau est coté à l'écluse d'aval 4^{m}54, c'est presque la hauteur de la haute mer en morte-eau : ce canal se continue jusqu'à Dunkerque; son parcours jusqu'à l'écluse du Jeu-de-Mail est de 21,032 mètres; il est d'une navigation très-active pour le commerce. Il est arrêté à Bourbourg par un nouveau sas qui abaisse son plan d'eau à la cote 3^{m}64 jusqu'au sas du Jeu-de-Mail, où il se jette dans le canal de ceinture pour se perdre à la mer par le canal de dérivation. C'est de ce canal qu'on doit prendre les eaux pour l'alimentation de Dunkerque, suivant le rapport fait au Conseil municipal, les 18 Août et 6 Septembre 1856.

CANAL DES MOËRES.

Le canal des Moëres, qui n'est alimenté que par des eaux d'infiltration et de pluie, n'a son plan d'eau qu'à la cote 1^{m}90, ou 1^{m}70 au-dessus du busc du sas octogone de Dunkerque; ses eaux sont impropres à l'alimentation des hommes. Ce canal met aussi à contribution la rivière de l'Aa, au moyen de prises d'eau dans la Basse-Colme, dont le plan d'eau est plus élevé de 0^{m}84; son parcours est de 12,154 mètres. C'est un canal de dessèchement et non un canal de navigation, laquelle est bornée seulement aux besoins de l'agriculture.

CANAL DE FURNES.

Le canal de Furnes seul ne reçoit pas les eaux de la rivière de l'Aa, son plan d'eau est coté 3^{m}04, c'est-à-dire 0^{m}60 au-dessous du plan d'eau du canal de Bourbourg; il se jette à la mer par la Cunette, mais le service des écluses du port n'a nullement à s'occuper des eaux de ce canal, la manœuvre et l'alimentation se font par la Belgique; la navigation en est très-active entre la Belgique et Dunkerque.

CHAPITRE II.

Rôle des diverses écluses du port de Dunkerque pour le dessèchement du pays.

ÉCLUSE DE L'ARRIÈRE-PORT, DITE DE BERGUES.

Avant le creusement du canal de dérivation, c'était par cette écluse que se faisaient les tirages à la mer pour le dessèchement des eaux du pays; elle peut encore être de la même utilité dans les crues d'eaux extraordinaires. Dans ce cas, on serait dans l'obligation de tenir ouvertes les écluses de barrage du Bassin du Commerce.

Son busc est coté. . . . . 0m 30.
La largeur du passage est de . . . . 8m 12.

ÉCLUSE DU FORT REVERS.

Cette écluse sert de débouché au canal de dérivation, pour jeter ses eaux dans le chenal, qui est en communication directe avec la mer; elle a deux passages, l'un de 9 mètres et l'autre de 7; les buscs sont cotés 0m 10, par rapport au zéro de l'écluse de la Cunette; c'est par cette écluse que s'écoulent les eaux des 1re, 2e et 3e sections des Wateringues, ainsi que celles du territoire, au sud de la chaussée d'Hondschoote, dépendant de la 4e section.

Les niveaux sur lesquels il faut régler la manœuvre d'eau varient avec l'état hygrométrique de l'atmosphère; en temps de pluie, il faut faire des tirages à la mer aussitôt que les niveaux dépassent :

Pour le canal de Bourbourg, la cote. . . . . 3m 45.
Pour les canaux de Bergues, de ceinture et de dérivation. 2m 40.

ÉCLUSE DE LA CUNETTE.

L'écluse de la Cunette sert de débouché à la mer pour les eaux du canal des Moëres; elle est d'un seul passage de 10 mètres de largeur; son busc est coté zéro et se trouve à 0m 47 au-dessus du zéro des cartes maritimes; il sert de point de comparaison pour toutes les autres cotes de nivellement, pour le service des Ponts et Chaussées et le Génie militaire, qui suppose un plan dans l'espace passant à 105m 94 au-dessus, et de manière que la cote 100m 00 soit en moyenne celle de la haute mer dans les vives-eaux; c'est par cette écluse que s'écoulent les eaux de la 4e section des Wateringues et celles des Moëres françaises et belges.

Le niveau sur lequel il faut se guider pour régler les tirages à la mer, est coté 1m 90, dans l'hiver; il est prudent de ne pas laisser monter les eaux au-dessus de 1m 70.

ÉCLUSES DU BASSIN DU COMMERCE.

Ces écluses sont uniquement destinées aux besoins de la navigation maritime ; elles servent à introduire et à retenir les eaux dans le bassin, à une hauteur convenable, pour avoir en tout temps les navires à flot. Les buscs sont côtés 0^m 90 plus bas que le zéro de l'écluse de la Cunette. La largeur de celle placée du côté de la Citadelle est de 13^m 00, et de celle placée du côté de la ville de 21^m 00.

Ce n'est que dans les crues extraordinaires et dans des cas très-graves qu'on se servirait de ces écluses pour le dessèchement des eaux du pays, simultanément avec les écluses du fort Revers.

C'est à ces heureuses dispositions qu'on doit l'immense avantage de combattre énergiquement et avec succès les inondations, ainsi que les moyens de conserver une hauteur d'eau dans les canaux pour la navigation intérieure ; c'est aussi par des prises d'eau dans ces mêmes canaux, combinées de manière à ne pas léser les intérêts de la navigation, que tout le territoire wateringué s'approvisionne d'eau fraîche pour les irrigations et les besoins de l'agriculture.

Ces mêmes écluses ont un autre rôle à remplir et des plus importants pour le port de Dunkerque, c'est celui de permettre de donner des chasses pour détruire le banc qui se trouve en face du port et qui tend toujours à obstruer l'entrée du chenal, et pour dévaser ce même chenal.

ÉCLUSES DU SAS OCTOGONE.

Le sas octogone forme l'entrée du canal de Furnes dans la ville, pour le mettre en communication avec le canal de ceinture, les canaux de Bergues et de Bourbourg : le busc de l'écluse du canal de Furnes est coté 1^m 18, celui du canal des Moëres 0^m 27, celui du canal de Ceinture 0^m 30, et celui de la Cunette 0^m 24 ; les eaux du canal des Moëres s'écoulent par cette écluse pour se verser dans la Cunette, qui est réservée spécialement pour l'écoulement des eaux du pays ; la largeur du passage est de 8^m 00.

C'est avec une grande réserve que l'on doit tolérer l'entrée et le séjour des bateaux dans la Cunette ; l'interdiction en doit être absolue à partir du mois de Décembre jusqu'au mois de Mars. L'écoulement des eaux du pays entre la Basse-Colme et le canal de Furnes se fait par cette écluse ; il arrive bien souvent que la largeur du passage est insuffisante ; les eaux y arrivent en abondance par suite du travail incessant des moulins des Moëres, et pour peu que la marée ait lieu en morte-eau et qu'elle soit contrariée par des vents contraires, la mer baisse peu dans le chenal ; il y a peu de chute et le tirage n'a pas de durée, ce qui occasionne souvent des inondations dans les terres les plus basses de la section.

CHAPITRE III.

Rôle des écluses du port pour les chasses.

Le système des chasses se combine sur toute la longueur du chenal et présente 4 biez qui sont remplis par les eaux de la mer.

1er Biez *composé uniquement du Bassin Becquet.*

Son débouché a cinq passages, dont un central de $5^m 20$ de largeur, et quatre autres de $4^m 00$ chacun.

Les buscs sont cotés $0^m 60$; ils sont munis de portes tournantes dont les bâtis réduisent la section pour le passage de l'eau à $18^m 60$.

Le bassin présente une superficie de 30 hectares environ, avec plat-fond, à la cote moyenne de 3 mètres.

La hauteur de chûte disponible varie avec le régime des marées de vive-eau, entre $4^m 50$ et $5^m 00$, mesurés sur les buscs; le sol du fond du bassin étant coté moyennement $2^m 00$, il résulte que la tranche d'eau utile aux chasses n'est en réalité que de $2^m 50$ au plus.

Ainsi le cube d'eau lancé dans une marée par ce premier biez ou bassin, dont l'effet réel dure 3/4 d'heure, peut être évalué très-approximativement par le calcul suivant :

$$300,000^m \text{ car.}, \ 2^m 50, = 750,000^m \text{ cubes.}$$

Le remplissage du bassin se fait à pleine voie par les cinq passages ; ils sont fermés à la marée montante toutes les fois qu'on ne compte pas chasser; ils sont ouverts avec les portes parfaitement enclavées, lorsque l'on doit chasser; la mer entre librement ; elle prend dans le bassin le niveau que donne la marée du jour; on ferme les portes à pleine mer, et la chasse s'opère à la basse mer suivante.

2e Biez *entre l'écluse de la Cunette et le sas octogone.*

Son ouverture est de 10 mètres et ne donne pour débouché utile que $8^m 25$ de largeur par rapport aux bâtis des portes qui supportent les ventaux tournants.

La superficie de retenue du canal compris entre les deux écluses est d'environ 5 hectares, la hauteur de la tranche d'eau disponible pour les chasses est d'environ $2^m 00$, d'où il suit que le cube d'eau lancé par la Cunette peut être évalué comme suit :

$$50,000^m \text{ car.}, \ 2^m 00 = 100,000 \text{ mètres cubes.}$$

Cette superficie sera prochainement doublée par l'annexion des fossés de fortifications des fronts Est de la place dépendant du service du génie militaire.

Le remplissage de la Cunette ne se fait pas à pleine voie, il a lieu par le moyen des vannes ménagées dans les portes à flot de l'écluse, de manière à régler la hauteur de l'eau dans les limites des batardeaux des ouvrages militaires qui longent le canal ; c'est une précaution utile, qu'il est prudent de prendre; on ne saurait trop se prémunir contre les chances d'irruption dans les grandes marées.

3ᶜ Biez. *Bassins du Commerce, de la Marine et de l'Arrière-Port.*

La chasse a lieu par 12 vannes pratiquées dans les portes des écluses du Bassin du Commerce, dont le débouché ensemble est de 12 mètres, fonctionnant sous une charge d'eau de $3^m 50$, plus la vanne de l'aquéduc de chasse sous le terre-plein de l'écluse du barrage du côté de la ville, dont l'ouverture est de $1^m 20$.

La superficie totale de ce biez est d'environ 11 hectares, la hauteur d'eau dont on peut disposer pour les chasses est de $0^m 80$ à $1^m 00$, d'où il suit que le volume d'eau lancé peut être évalué à 100,000 mètres cubes.

Le remplissage se fait par les 12 vannes de la même manière que pour le 2ᵉ biez et avec les mêmes précautions.

4ᵉ Biez, *canaux de dérivation, de ceinture, de Mardick et de tous les fossés de fortifications du front ouest, dépendant du service du génie militaire.*

Les ressources des chasses seront notablement augmentées par le débit de ce 4ᵉ biez qui se fera par l'écluse du fort Revers ; elle a deux passages ; dans le plus grand on a ménagé des ventaux tournants dans les portes ; dans le plus petit, ce sont des portes tournantes ; le débouché effectif utile pour les chasses, déduction faite des bâtis des portes, sera de $14^m 10$. La hauteur moyenne de la tranche d'eau disponible sera de $2^m 50$.

La superficie de ce biez sera de 35 hectares, d'où il suit que le cube d'eau lancé sera au moins de 800,000 mètres cubes.

Le remplissage a lieu par les deux passages, par les ventaux et les portes tournantes.

Ce biez dépendant de plusieurs canaux intérieurs et étant aussi en communication avec les ouvrages militaires du front Ouest, on devra prendre les plus grandes précautions pour le remplissage.

Eau fournie par les chasses.

Par les détails qui précèdent, la puissance des chasses se mesure actuellement pour les trois premiers biez par un volume d'eau total de 950,000 mètres cubes lancé en moyenne dans l'espace de 3/4 d'heure.

Ce volume se décompose comme il suit :

1ᵉʳ biez, bassin Becquet. . . . . . 750,000 ⎫
2ᵉ id., la Cunette. . . . . 100,000 ⎬ 950,000ᵐ cubes.
3ᵉ id., les bassins du Commerce, etc. 100,000 ⎭

Soit en moyenne par minute, 21,111 mètres cubes.
Par seconde, 351 id.

Après l'achèvement des travaux prévus, la masse d'eau sera augmentée ; elle sera lancée dans le même espace de temps et se mesurera en se décomposant comme il suit :

1ᵉʳ biez, bassin Becquet . . . . . . 750,000 ⎫
2ᵉ id., la Cunette, etc.. . . . . . 200,000 ⎪
3ᵉ id., les bassins du Commerce, etc. 100,000 ⎬ 1,850,000ᵐ cubes
4ᵉ id., le canal de dérivation, etc. 800,000 ⎭

Soit en moyenne par minute, 41,111 mètres cubes.
Par seconde, 685 id.

CHAPITRE IV.

Rôle des écluses du port dans la navigation maritime.

Les écluses qui servent directement à la navigation maritime sont celles du bassin de la Marine et celles nouvellement construites pour le bassin à flot du Commerce; on a vu que les buses de ces écluses étaient de 0m 90 plus bas que le zéro de l'écluse de la Cunette; cette cote correspond de 0m 20 plus haut que les points les moins profonds de la passe d'entrée intérieure du chenal; les tirants d'eau navigables pour l'entrée des navires dans les bassins du Commerce et de la Marine, sont variables suivant les marées et suivant l'âge de la lune. Ils sont:

En vive-eau,
- tirant maximum . . 6,80.
- — moyen . . . 6,35.
- — minimum . . 5,90.

En morte-eau,
- tirant maximum . . 5,60.
- — moyen . . . 5,20.
- — minimum . . 4,80.

Pour l'entrée du bassin du Commerce, le passage du côté de la Citadelle a 13m 00 de largeur, et la longueur entre les deux écluses est de 50 mètres; il est muni de deux paires de portes busquées avec vannes, servant à opérer le remplissage nécessaire.

L'écluse de barrage pour le passage du côté de la ville est simple, elle a 21 mètres de largeur; ces deux écluses, à l'entrée du bassin du Commerce, desservent aussi l'entrée du bassin de la Marine et de l'arrière-port.

L'écluse du bassin de la Marine est simple, elle a 16 mètres de largeur; elle est composée d'une paire de portes busquées et d'une paire de portes-valets; ces dispositions rendent le bassin de la Marine indépendant de celui du Commerce pour la flottaison des navires.

CHAPITRE V.

Territoire wateringué de l'arrondissement de Dunkerque.

Sous la dénomination de wateringues, ou territoire wateringué, on désigne les terres dont le dessèchement est opéré et entretenu par les nombreux canaux qui les traversent en tous sens, et qui sont appelés watergands ; ces mêmes canaux servent aussi pendant l'été pour irriguer au moyen des eaux fraîches qui sont fournies par la rivière de l'Aa.

L'entretien de ces canaux, digues, écluses, barrages, ponts, aquéducs, passerelles et généralement tous les faucardements et les curements, est confié à une administration locale dite des Wateringues dont les attributions s'étendent indistinctement à tout ce qui peut contribuer à l'amélioration du territoire wateringué. Cette administration très-ancienne, après avoir subi de nombreuses modifications, a été définitivement réorganisée par la loi du 12 Juillet 1806.

Les Moëres françaises ne font pas partie de l'administration des Wateringues, elles sont soumises à une administration particulière.

Le territoire wateringué dans l'arrondissement de Dunkerque, est divisé en quatre sections qui ont chacune une administration distincte et indépendante ; chaque section est en outre partagée en cinq divisions. Les administrateurs des quatre sections peuvent se réunir avec l'autorisation du Préfet pour délibérer sur des intérêts communs.

Chaque administration est composée de 5 membres, dont un est Président ; ils sont nommés dans la forme ordinaire des élections publiques par les propriétaires de chaque section possédant au moins 5 hectares de terre.

Il y a dans chaque section : un conducteur spécial nommé par le Préfet du département du Nord, chargé de rédiger pour chaque campagne les projets à exécuter et les devis estimatifs, de diriger les travaux adjugés, de délivrer des certificats d'avancement des travaux devant servir au paiement des à-comptes aux ouvriers et aux entrepreneurs.

Un percepteur, nommé par la Commission administrative, chargé d'établir les rôles de cotisation, d'en percevoir le montant, de payer les entrepreneurs sur les mandats délivrés par le Président.

Un Secrétaire mis à la disposition du Président pour la tenue des registres et pour toutes les écritures de la Commission administrative.

Un garde proposé par la Commission administrative et nommé par le Préfet, préposé à la police et à la conservation des canaux, watergands et de tous les ouvrages d'art.

Il y a dans les 4 sections 5 villes : Dunkerque, Bergues, Gravelines, Bourbourg et Hondschoote.

Les canaux navigables sont la rivière de l'Aa, la Haute-Colme, la

Basse-Colme, la Becque d'Hondschoote, le canal de Bourbourg, le canal de Furnes.

Les canaux des Moëres, du Zeegracht et des Chats, dépendant de la 4e section, sont susceptibles d'une petite navigation subordonnée aux besoins de l'agriculture; il en est de même de plusieurs watergands et becques dans les trois autres sections; mais cette navigation, qui se fait sans payer aucun droit, n'est que de pure tolérance, et ne peu tse faire sans une autorisation de l'administration; elle peut être entièrement interdite toutes les fois que l'intérêt du dessèchement l'exige.

ARTICLE 1er.

Tableau *indiquant la cote des radiers des écluses sur les canaux et les plans d'eau, exigés pour la navigation par rapport au busc de l'écluse de la Cunette.*

Rivière de l'Aa.	Plan d'eau à la porte de St-Omer		6m	34
	A l'écluse d'aval au Haut-Pont		5	23
	A Gravelines à l'écluse Vauban		4	94
Canal de la Haute-Colme.	Sas de Wattendam.	Busc d'amont	2	76
		Busc d'aval	2	32
		Plan d'eau (h. 1,80)	4	12
	Sas de Lynck.	Busc d'amont	1	62
		Plan d'eau (2,50)	4	12
		Busc d'aval	1	25
		Plan d'eau (2,00)	3	25
	Sas de Lunégatte à Bergues.	Busc d'amont	1	25
		Plan d'eau (2,00)	3	25
Canal de Bergues.	Ecluse neuve à Bergues.	Busc	0	55
		Plan d'eau (1,94)	2	49
	Pont Rouge à Dunkerque.	Busc	0	49
		Plan d'eau (2,00)	2	49
Canal de ceinture.	Arrière-port.	Busc d'amont	0	30
		Busc d'aval	0	34
		Plan d'eau (2,19)	2	49
	Canal de dérivation.	Busc d'amont	0	10
		Busc d'aval	0	10
		Plan d'eau (2,39)	2	49
Canal de la Basse-Colme.	Ecluse de Furnes.	Buscs amont et aval.	0	60
		Plan d'eau (2,14)	2	74
	Ecluse de la frontière.	Busc	1	04
		Plan d'eau (1,70)	2	74
Canal de Bourbourg.	Biez du Guindal.	Busc d'aval	2	89
		Plan d'eau (1,65)	4	54

Canal de Bourbourg.	Biez de Bourbourg.	Radier d'amont...	2	52
		Plan d'eau (2,02)..	4	54
		Radier d'aval	1	94
		Plan d'eau (1,70)..	3	64
	Biez du Jeu-de-Mail.	Radier d'amont....	0	79
		Plan d'eau (2,85)..	3	64
		Radier d'aval	0	72
		Plan d'eau (1,77)..	2	49
Canal de Furnes.	Sas octogone.	Radiers.........	1	18
		Plan d'eau (1,86)..	3	04
	Sas de Zuydcoote.	Radiers.........	1	28
		Plan d'eau (1,76)..	3	04
Canal des Moëres.	Sas octogone.	Radier d'amont....	0	27
		Plan d'eau (1,63)..	1	90
Port de Dunkerque.	Barrages des bassins de la Marine et du Commerce.	Les buscs se trouvent cotés 0m 90 plus bas que le zéro de la Cunette.		
	Ecluse de la Cunette.	Busc...........	0	00
		Plan d'eau (1,90)..	1	90
	Bassin Becquet.	Buscs..........	0	60
		Plan d'eau (divers).		
	Fort Revers.	Buscs..........	0	10
		Plan d'eau (2,39)..	2	49

Nota. La passe extérieure en avant de l'entrée du port est coté 1m 10 au-dessous du zéro de la Cunette.

Le sol du pied de la tour est coté. 7m 33
La plate-forme 60 13
Le pied du phare est coté. 9 45
Le foyer 64 45

ARTICLE 2.

Wateringues, 1re, 2e, 3e et 4e Section.

Tableau *général indiquant pour les 4 sections réunies les cotisations, les superficies, les Watergands et tous les ouvrages d'art.*

NUMÉROS des Sections.	COTISATION par Hectare.	SUPERFICIE par Section.	NOMBRE de Watergands.	LONGUEUR totale.	ÉCLUSES.	PONTS et AQUÉDUCS.	PASSERELLES.	SIPHONS.
1re	2f 35	9,298 h.	93	304,034m	38	144		
2e	4 16	10,189	87	191,980	61	109	5	
3e	3 00	8,509	33	83,755	29	52		2
4e	3 00	10,884	62	122,490	62	135	20	4
		38,880 h.	275	702,259m	190	440	25	6

CHAPITRE VI.

1re section des Wateringues.

Elle comprend tout le terrain renfermé entre la rivière de l'Aa, le canal de Bourbourg et la mer jusqu'à Dunkerque.
Sa superficie est de 9,298 hectares.

ARTICLE 1er.

Administration.

NOMS.	DEMEURES.	FONCTIONS.	DIVI-SIONS.	OBSERVATIONS.
Vandenbavière.	Loon.	Président.	1	
Decarpentry, Aug.	Dunkerque.	Administrat'.	2	
Louf, Charles.	Loon.		3	
Demarle-Catrice.	Gravelines.		4	
Caron–Couvreur.	Loon.		5	
Demarle-Michiels.	Gravelines.	Percepteur.		
Vercoustre.	Bourbourg.	Conducteur.		
Mine.	Dunkerque.	Secrétaire.		
Anquez.	Bourbourg.	Garde.		

ARTICLE 2.

Tableau *indiquant les cotisations, le nombre des watergands et leurs longueurs, les écluses, les ponts, les aquéducs, les passerelles et les siphons.*

DATES.	COTISATION. par Hectare.	WATERGANDS et CANAUX.	LONGUEUR totale.	ÉCLUSES.	PONTS.	AQUÉDUCS.	PASSERELLES.	SIPHONS.
1825. Janvier. . 1860	2ᶠ 35	93	304,034ᵐ	38	144			

ARTICLE 3.

Nomenclature *descriptive de tous les canaux, watergands et fossés d'écoulement, avec indication des longueurs et largeurs.*

NUMÉROS.	DESCRIPTIONS.	LARGEUR au fond.	LARGEUR aux crêtes.	LONGUEUR.
		Mètres	Mètres	Mètres
1	Schelfvliet commence à l'Aven jusqu'à la rivière de l'Aa	3,00	8,00	8598
2	Rollegracht commence près du Schapgracht jus-jusqu'au Schelfvliet.	1,60	4,30	4683
3	1er Repdick, du Rollegracht au Mardickgracht .	1,20	3,50	803
4	2e Repdick, du Rollegracht à l'Aven	1,20	3,50	691
5	3e Repdick, de l'Hellestraete au Rollegracht . .	1,20	3,50	1691
6	Branche du Repdick, de la rue Veirland au 3e Rep-dick	1,20	3,50	724
7	4e Repdick, du Rollegracht à l'Aven	1,20	3,30	1025
8	5e Repdick, de la chaussée près de Loon jusqu'au Rollegracht	1,20	3,50	734
9	Schapgracht, du Mardickgrach au Schelfvliet. .	2,00	5,00	6199
10	Grand-Denna, de la rue de la Chapelle, près des Dunes, au Schelfwliet	2,50	6,50	4294
11	Repdick, des Dunes au Grand-Denna	1,20	3,30	302
12	Branche, du Grand-Saint-Villebrode au Grand-Denna	1,70	4,50	209
13	Petit-Denna, des Dunes au Grand-Denna . . .	1,20	3,60	2302
14	Repdick, des Dunes au Petit-Denna.	1,00	3,00	1335
15	Repdick, près du chemin au Petit-Denna . . .	1,00	3,00	2305
16	La Madame, des Dunes au Grand-Denna . . .	1,60	4,30	5660
17	Repdick de Madame, de la Madame à la Madame.	1,40	3,80	2141
18	1er Repdick id., de la Madame au Schapgracht.	1,40	3,80	944
19	Branche id., vers Mardick au 1er Repdick.	1,20	3,30	553
20	2e Repdick, de la Madame au Schapgracht . .	1,20	3,30	1037
21	Abeel-Gracht, de la Madame au Schapgracht. .	1,40	4,80	846
22	Boomgracht, id. id. . .	1,20	3,30	1488
23	2e Repdick du Grand-Denna, près de la ferme Landron au Grand-Denna	1,30	3,30	1103
24	Branche du Repdick, de l'intérieur des terres au 1er Repdick du Grand-Denna	1,30	3,30	850
25	Loopersfort, du Wingaert Flvliet au Schelfvliet.	1,30	3,50	3495
26	Branche idem, du Loopersfort au Wingaertwliet.	1,20	3,30	927
27	Palinckdick, du Schelfvliet au canal de Bourbourg.	2,40	4,50	6171
28	Petit-Repdick idem, près la chaussée de Loon au Palinckdick	1,00	3,00	290
29	Repdick idem, du Palinckdick au Gousliet . .	1,20	3,30	735

2

NUMÉROS.	DESCRIPTIONS.	LARGEUR		LONGUEUR.
		au fond.	aux crêtes.	
30	Branche du Grand-St-Villebrode, du Grand-St-Villebroode au Schelfvliet	1,20	3,30	1995
31	Grand-St-Villebrode, près des Huttes, au nord de la route n° 62 jusqu'au Schelfvliet	3,00	5,00	3920
32	Repdick idem, près de la route n° 62 au Grand-St-Villebrode.	1,60	4,00	1320
33	Petit-St-Villebrode, près des Huttes, au Grand-St-Villebrode	1,40	3,60	1584
34	Branche idem, près des avant-fossés de Gravelines au Petit-St-Villebrode	1,10	3,00	782
35	Repdick idem, de la branche du Petit-St-Villebrode au Schelfvliet.	1,20	3,30	1216
36	Brayedick, du chemin de Gravelines à Bourbourg au Schelfvliet	1,30	3,50	1240
37	Branche idem, du Schelfvliet aux avant-fossés de Gravelines	4,50	8,00	489
38	Grand-Meulen-Gracht, du canal de Bourbourg au Schelfvliet.	3,00	5,20	4885
39	Petit-Meulen-Gracht, du Grand-Meulen-Gracht au même	1,60	4,00	3481
40	Repdick du Grand-Meulen-Gracht, du Grand-Meulen-Gracht à l'Aa	1,20	3,50	1055
41	St-Pierrebrouck, vers l'Aa jusqu'au Grand-Meulen-Gracht.	1,20	3,50	650
42	Cousliet, du Palinckdick au Grand-Meulen-Gracht.	1,60	4,00	5465
43	Basse-Warande-Gracht, du Cousliet au Petit-Meulen-Gracht.	2,00	4,50	3450
44	Haute-Warande-Gracht, du Petit-Meulen-Gracht à La Wasches	2,00	4,50	3080
45	Repdick idem, de la Haute Warande-Gracht à La Wasches	1,20	3,30	1520
46	La Wasches, du canal de Bourbourg au Petit-Meulen-Gracht.	1,80	4,50	4801
47	Repdick idem, de La Waches au Palinckdick. .	1,40	3,60	1380
48	Petit-Repdick idem, de La Wasches au Cousliet.	1,10	3,20	104
49	Wingaert-Wliet, du Palinckdick au canal de Bourbourg	1,50	3,50	6187
50	Wissel-Gracht, idem idem. . .	2,20	5,00	4886
51	Cappel-Gracht, du Wissel-Gracht au canal de Bourbourg.	1,50	3,50	2418
52	Repdick idem, du Cappel-Gracht au Palinckdick.	1,30	3,30	822
53	Branche du Cappel-Gracht, dans les terres jusqu'au Cappel-Gracht.	1,10	3,00	415

NUMÉROS.	DESCRIPTIONS.	LARGEUR		LONGUEUR.
		au fond.	aux crêtes.	
54	Nieuw-Gracht, du Wissel-Gracht au canal de Bourbourg.	Mètres 2,00	Mètres 4,00	Mètres 1428
55	Aven, du Mardick-Gracht au canal de Bourbourg.	3,00	5,00	6380
56	Ancien Aven, du nord de la route à l'Aven. . .	1,50	3,50	383
57	Branche de Looperfort, près de la chaussée à l'Aven	1,20	3,30	1315
58	Riethouck, de l'Aven au canal de Bourbourg. .	2,00	4,00	3092
59	Hellegracht, de l'Aven au Soud-Gracht . . .	1,30	3,70	2142
60	Repdick, du Nord-Gracht à l'Aven	1,20	3,50	1472
61	Repdick du Soud-Gracht, du Soud-Gracht à l'Aven	1,20	3,50	1742
62	Ghemmen-Gracht, de l'Aven au Nord-Gracht. .	1,30	3,70	635
63	Soud-Gracht, du Wissel-Gracht au canal de Bourbourg	2,50	5,20	3380
64	Repdick idem, du Soud-Gracht au canal de Bourbourg	1,40	3,50	1520
65	Mardick-Gracht, du Mardick-Gracht au canal de Bourbourg	3,30	9,00	5672
66	Noort-Gracht, du watergand de la Concession au Mardick-Gracht (sur Mardick).	1,60	5,00	1765
67	Watergand de la Concession Lamorlière, des Dunes au Noort-Gracht (sur Mardick). . . .	1,40	3,00	2142
68	West-Brouck, des Dunes au idem	1,20	3,30	1200
69	Repdict dit le Rouge, de la rue de l'Eglise au Mardick-Gracht	1,20	3,50	510
70	Noort-Gracht, du canal de Bourbourg au Mardick-Gracht et Soud-Gracht (sur Loon)	2,00	6,00	
	(sur Petit-Synthe).	2,00	7,00	18,850
71	Wateringracht, de Loenstraete au Noort-Gracht.	1,40	3,50	3079
72	Repdick, idem, du Wateringracht au Mardick-Gracht.	1,40	3,50	261
73	Le Liannes, du Wlaminck au Wateringracht . .	1,40	3,50	1120
74	Branche idem, de Liannes au Wateringracht. .	1,40	3,50	1467
75	Repdick de la ferme Leuregans, de la ferme au Noort-Gracht	1,30	3,30	690
76	Repdick de la ferme Vandaele, de la ferme au Noort-Gracht	1,30	3,30	627
77	Repdick des Basses-Brouck, des terres au canal de Bourbourg	1,30	3,30	767
78	Duyker à l'Est du Puytouckstraete au canal de Bourbourg	1,40	3,50	1357
79	Repdick de la ferme Foutrain, de la ferme au canal de Bourbourg	1,30	3,30	850

NUMÉROS.	DESCRIPTIONS.	LARGEUR		LONGUEUR.
		au fond.	aux crêtes.	
		Mètres	Mètres	Mètres
80	Repdick de la ferme Moral, du Noort-Gracht au canal de Bourbourg.	1,40	3,50	1757
81	Repdick de la maison Lejeune, du Noort-Gracht au canal de Bourbourg.	1,40	3,50	1338
82	Repdick de la ferme Clément, du Noort-Gracht au canal de Bourbourg	1,40	3,50	1451
83	Repdick de la maison Boclet, de la maison au Noort-Gracht	1,30	3,30	700
84	Sud-Gracht, du Noort-Gracht au canal de Bour-bourg	3,00	5,00	768
85	Wlaminckstracte, près des Dunes au Noort-Gracht	1,50	3,30	3334
86	Helledick, des terres au Noort-Gracht.	1,30	3,50	2345
87	Repdick idem, près de Grande-Synthe à l'Helle-dick	1,30	3,50	298
88	Repdick de l'Ouest, du Repdick de l'Est au Wla-minckstraete.	1,30	3,50	2400
89	Repdick de l'Est, du Repdick de l'Ouest au Noort-Gracht	1,30	3,50	3727
90	Albeck, des terres au Noort-Gracht.	1,30	3,30	2935
91	Nieuw-Albeck, idem.	1,30	3,30	900
92	Nieuw-Albeck, du pont de Petite-Synthe au Noort-Gracht	1,30	3,30	1730
93	Oude-Albeck, de la route n° 62 au canal de Bourbourg	1,30	3,30	1265

ARTICLE 4.

NUMÉROS.	DESCRIPTION DES ECLUSES.	LARGEUR.	COTES des radiers
		Mètres	Mètres
1	Sur le Schelfvliet n° 1, éclusette avec pont en briques, à 27 mètres de l'Aa.	2,69	3,10
2	Sur le Rollegracht n° 2, éclusette avec pont en briques, à 240 mètres du Schelfvliet	0,50	
3	Sur le 1er Repdick, n° 3, éclusette avec pont en briques, au Rollegracht.	0,80	
4	Sur le 3e Repdick n° 5, éclusette avec pont en briques, à 857 mètres de l'origine.	0,40	
5	Sur le 4e Repdick n° 7, éclusette simple en briques, au Rollegracht	0,80	
6	Sur le Schapgracht n° 9, éclusette avec pont en briques, au Mardick-gracht.	1,80	
7	Sur le Palinck-Dick n° 27, éclusette avec pont en maçonnerie, à 333 mètres du canal de Bourbourg. .	1,60	3,04
8	Sur la Branche n° 37, éclusette avec pont en maçonnerie, aux avant-fossés de Gravelines	2,60	2,80
9	Sur le Grand Meulen-Gracht n° 38, éclusette avec pont en maçonnerie, au canal de Bourbourg . . .	1,30	2,23
10	Sur idem, éclusette avec pont en briques, au Schelfvliet.	2,90	
11	Sur le Repdick n° 40, éclusette avec pont en maçonnerie, à l'Aa	1,40	3,45
12	Sur La Vasches n° 46, éclusette avec pont en briques, au canal de Bourbourg	1,20	3,29
13	Sur le Wingaert-Wliet n° 49, éclusette avec pont en briques, vis à vis l'église de Craywick.	0,70	
14	Idem, éclusette avec pont en briques, au canal de Bourbourg.	0,80	2,77
15	Sur le Vissel-Gracht n° 50, éclusette simple en maçonnerie, au canal de Bourbourg	1,65	2,35
16	Sur le Cappel-Gracht n° 51, éclusette avec pont en briques, au chemin de Bourbourg à Loon.	1,75	3,05
17	Sur le Nieuw-Gracht n° 54, éclusette simple en maçonnerie, contre le canal de Bourbourg	1,00	2,45
18	Sur l'Aven n° 55, éclusette avec pont en maçonnerie, au Mardick-Grackt	1,00	
19	Sur idem, éclusette avec pont, sur la rue dite Tortue.	0,50	
20	Sur idem, éclusette sur le chemin de Craywick . .	2,00	2,41
21	Sur le Riethouck n° 58, éclusette avec pont en maçonnerie, à l'Aven.	0,80	
22	Sur idem, éclusette au canal de Bourbourg. . . .	1,70	2,48
23	Sur l'Ellegracht n° 59, éclusette à l'Aven	0,60	

NUMÉROS.	DESCRIPTION DES ECLUSES.	LARGEUR.	COTES des radiers
		Mètres	Mètres
24	Repdick du **Noortgracht** n° 60, éclusette à l'Aven. .	0,60	
25	Repdick du Soudgracht n° 61, id. id. . . .	0,60	
26	Sur le Soudgracht, n° 63, éclusette au chemin de Copenaxfort	0,70	
27	Sur idem, éclusette au canal de Bourbourg. . . .	2,35	1,98
28	Sur le Repdick de idem n° 64, éclusette au canal de Bourbourg	1,06	2,46
29	Sur le Noortgracht n° 66, éclusette près de Mardyck, sur le chemin qui conduit à Loon	0,76	
30	Sur le Noortgracht n° 70, éclusette à l'Est de Mardyck-Gracht	0,55	
31	Sur idem, éclusette à l'Ouest de Mardyck-Gracht . .	0,80	
32	Sur le Repdick des Basses-Brouck n° 77, éclusette avec pont en maçonnerie, au canal de Bourbourg .	0,80	2,23
33	Sur le Duyker n° 78, éclusette avec pont en maçonnerie, au canal de Bourbonrg	0,86	1,89
34	Sur le Repdick n° 79, de la ferme Foutrain, éclusette avec pont en maçonnerie de briques, au canal de Bourbourg	0,50	2,42
35	Sur le Repdick n° 80, de la ferme Moral, écluse avec pont en maçonnerie, au canal de Bourbourg . . .	0,50	2,31
36	Sur le Repdick n° 81, de la maison Lejeune, éclusette avec pont en maçonnerie, au canal de Bourbourg .	0,70	2,01
37	Sur le Repdick n° 82, de la ferme Clément, éclusette avec pont en maçonnerie, au canal de Bourbourg .	0 80	2,19
38	Sur le Sudgracht n° 84, éclusette avec pont en maçonnerie, au canal de Bourbourg.	0,60	2,43

ARTICLE 5.

NUMÉROS.	DESCRIPTION DES PONTS.	Largeur du passage.
	NOTA. — Les ponts éclusés ayant été désignés dans la nomenclature des écluses, ne seront pas répétés dans cette description. Ceux qui sont sur les watergands à l'endroit où ils traversent la route n° 62, ne sont indiqués que pour mémoire; ils dépendent du service des ponts-et-chaussées. Pour le numérotage des pentes, on a suivi une série particulière pour chaque watergand.	Mètres
1	Sur le Schelfvliet n° 1, pont de la Reine, en maçonnerie, sur la chaussée de Bourbourg à Loon	2,00
2	Idem, pont en briques, sur le Zeedickstracte	2,00
3	Idem, pont en bois, sur le chemin de Bourbourg à Gravelines	5,00
4	Idem, pont en briques, sur le chemin de St-Omer . .	2,69
1	Sur le Rollegracht n° 2, pont en briques, sur la rue Weirlande	0,80
2	Idem, pont en briques, sur l'ancien chemin de Dunkerque	1,30
3	Idem, pont en briques, sur la route n° 62.	2,30
4	Idem, pont en briques, à 378 mètres plus loin sur l'Hellestrate	1,00
5	Idem, pont en briques, à 536 mètres plus loin sur un chemin	1,00
6	Idem, pont en briques, à 152 mètres sur un chemin allant à Loon	1,40
7	Idem, pont en briques, à 683 mètres sur un chemin allant à Loon	1,60
8	Idem, pont en briques, à 288 mètres plus loin à la rue Tortue	1,30
1	Sur le Repdick du Rollegracht n° 3, busc en bois, au Mardyck-Gracht	0,50
1	Sur idem n° 4, pont en briques, sur l'ancien chemin de Dunkerque	0,60
2	Sur idem, pont en briques, sur la route n° 62	1,30
1	Sur idem n° 5, busc en bois, sur la rue de Mardyck à 76 mètres de l'origine	0,40
2	Sur idem, pont en briques, sur la route n° 62	1,30
1	Sur la branche du Repdick n° 6, busc en bois, sur l'Hellestraete	0,35

NUMÉROS.	DESCRIPTION DES PONTS.	Largeur du passage.
		Mètres
1	Sur le Repdick n° 8, busc en briques sur le chemin de Bourbourg à Loon	0,50
1	Sur le Schepgracht 9, pont en briques, à 674 mètres plus loin, sur un chemin allant à Loon	1,50
2	Sur idem, pont en briques à 587 mètres plus loin sur le Hellestraete	1,50
3	Sur idem, pont en briques à 187 mètres plus loin sur le chemin de Charognes	0,80
4	Sur idem, pont en briques, à 956 mètres plus loin sur un chemin près de l'Abeelgracht	1,00
5	Sur idem, pont en briques à 460 mètres plus loin sur un chemin dit Corps-de-Gardestraete	1,50
6	Sur idem, pont en briques, à 440 mètres plus loin sur le chemin du grand Denna	1,00
	Sur idem, pont en briques, sur la route n° 62	1,00
7	Sur idem, pont en briques, à 553 mètres plus loin sur le vieux chemin de Dunkerque	1,00
8	Sur idem, pont en briques à 545 mètres plus loin sur un chemin à 840 mètres du Schelfvliet	1,20
	Sur le grand Denna n° 10, pont en briques sur la route n° 62	1,20
1	Sur idem, au Schelfvliet	2,00
1	Sur le petit Denna n° 13, pont en briques sur le chemin qui longe la digue du Polder	1,00
2	Sur idem, pont en briques sur la route du grand Denna	1,00
	Sur le Repdick du petit Denna, n° 14, à l'ouest, busc en briques sur la digue du Polder	0,70
	Sur idem, à l'est, busc en bois sous un chemin qui longe la digue	0,35
1	Sur la Madame n° 16, pont en briques à 782 mètres de l'origine	0,80
2	Sur idem, pont en briques à 497 mètres plus loin sur un chemin allant des dunes à Loon	1,20
3	Sur idem, pont en briques à 1,089 mètres plus loin sur un chemin allant des dunes à Loon	1,00
4	Sur idem, pont en briques à 410 mètres plus loin sur un chemin allant des dunes à Loon	1,80
5	Sur idem, pont en briques, à 2,114 mètres plus loin sur la rue du grand Denna, et à 769 mètres du grand Denna	1,00
1	Sur le Repdick, de Madame n° 17, pont en briques, à 1,333 mètres, de la Madame sur un chemin allant des dunes à Loon	1,00

NUMÉROS.	DESCRIPTION DES PONTS.	Largeur du passage.
1	Sur le Repdick de la Madame n° 18, busc en bois à la Madame	Mètres 0,35
2	Sur idem, pont en briques, sur le Zerdickstraete. . . .	0,60
1	Sur le Repdick n° 20, busc en briques à la Mada'ne. .	0,60
2	Sur idem, pont en briques sur le Zeedickstraete. . . .	1,00
1	Sur l'Abeel-Gracht n° 21, pont en briques à la Madame.	1,00
2	Sur idem, pont en briques au Zeedickstraete.	1,00
1	Sur le Boom-Gracht n° 22, pont en briques sur le Zee-dickstraete	0,80
1	Sur le Repdick n° 23 du grand Denna, busc en briques à 707 mètres du grand Denna	0,40
1	Sur la branche du Repdick n° 24, busc en bois sur le vieux chemin de Gravelines.	0,40
1	Sur le Loopersfort n° 25, pont en briques à l'origine. .	0,90
2	Sur idem, pont en briques à 275 mètres plus loin sur la chaussée de Loon.	1,00
3	Sur idem, pont en briques à 1,235 mètres plus loin sur le Zeedickstraete.	0,70
1	Sur la branche du Loopersfort n° 26, pont en briques sur la rue de l'Eglise	1,00
1	Sur le Palink-Dick n° 27, pont en briques, à 1,282 mè-tres de l'origine	2,90
2	Sur idem, pont en bois, à 4,102 mètres plus loin à la jonction des deux chemins.	2,80
1	Sur la branche de Loopersfort n° 26, busc en briques, au Palink-Dick.	0,50
1	Sur le Repdick n° 29, du Palink-Dick, pont en briques, sur le vieux chemin de Gravelines, à 781 mètres du Schelfvliet.	1,50
1	Sur le Grand St-Villeborde n° 31, pont en briques, près de l'origine, sur un chemin allant aux dunes. . . .	0,80
2	Sur idem, sur le vieux chemin de Gravelines.	2,00
	Sur idem, sur la route n° 62.	2,00
1	Sur le Petit-Villeborde n° 33, pont en briques, à 168 mètres de l'origine, aux Huttes	0,80
1	Sur le Repdick n° 75, pont en briques, sur la rue du Moulin	1,00
2	Sur idem, pont en briques, sur la rue de Gravelines, à Bourbourg	0,60
1	Sur le Grand Meulen-Gracht n° 38, pont en briques, à 742 mètres du canal de Bourbourg sur un chemin allant à l'Ouest	1,50
2	Sur idem, pont en briques, à 1,668 mètres plus loin sur un chemin allant à l'Ouest	2,00

NUMÉROS.	DESCRIPTION DES PONTS.	Largeur du passage.
		Mètres
3	Sur idem, pont avec culées en bois, à 654 mètres plus loin sur le chemin de St-George	3,50
1	Sur le Petit Meulen-Gracht n° 39, pont en briques, à 20 mètres du canal de Bourbourg	0,80
2	Sur idem, pont en briques, à 610 mètres plus loin sur un chemin allant à l'Est	1,40
3	Sur idem, pont en briques, à 227 mètres plus loin. . .	1,00
4	Sur idem, pont en briques, à 471 mètres sur un chemin allant à celui de St-George.	2,50
5	Sur idem, pont en briques, à 510 mètres plus loin sur un chemin allant à celui de St-George	1,80
6	Sur idem, pont en briques, à 564 mètres plus loin sur un chemin allant à celui de St-George	1,50
7	Sur idem, pont en briques, à 655 mètres plus loin sur le chemin de St-George et à 429 mètres du débouché au Grand Meulen-Gracht	3,00
1	Sur le St-Pierre-Brouck n° 41, busc en bois, au Grand Meulen-Gracht.	0,50
1	Sur le Couslict n° 42, pont en briques, à 60 mètres du Palinck-Dick, sur un chemin	1,20
2	Sur idem, pont en briques, à 3,121 mètres du précédent sur un chemin allant à l'Est.	0,80
3	Sur idem, pont en briques, à 140 mètres plus loin sur le chemin de Gravelines à Bourbourg	1,00
1	Sur la basse Warande-Gracht n° 43, pont en briques, au Cousliet.	1,30
2	Sur idem, pont en briques, à 339 mètres plus loin sur un chemin allant à celui de St-George.	1,00
3	Sur idem, pont en briques, à 421 mètres plus loin. . .	1,00
4	Sur idem, pont en briques, à 823 mètres plus loin à la Vasches et à 1,867 mètres du Petit Meulen-Gracht. .	0,70
1	Sur la haute Warande-Gracht n° 44, pont en briques, à 724 mètres du Petit Meulen-Gracht sur un chemin .	1,00
2	Sur idem, pont en briques, à 373 mètres de la basse Warande-Gracht	2,00
3	Sur idem, pont en briques, à 384 mètres plus loin sur un chemin	0,80
1	Sur La Vasches n° 46, pont en briques, à 992 mètres du canal de Bourbourg sur un chemin allant à Meulenstraete.	2,00
2	Sur idem, busc en briques, à 85 mètres plus loin sur le chemin de St-George, pour l'écoulement des fossés. .	0,50
3	Sur idem, busc en briques à 373 mètres plus loin que	

NUMÉROS.	DESCRIPTION DES PONTS	Largeur du passage.
		Mètres
	la précédente, sur le chemin de Saint-George, pour l'écoulement des fossés	0,80
4	Sur idem, pont en briques à 50 mètres plus loin sur un chemin allant à Meulenstraete.	1,80
5	Sur idem, pont en briques à 697 mètres plus loin sur le chemin Tops.	2,00
6	Sur idem, pont en briques à 483 mètres plus loin sur le chemin dit Steenstraete	2,00
7	Sur idem, pont en briques, à 1,518 mètres plus loin sur un chemin allant à l'Ouest et à 603 mètres du petit Meulen-Gracht.	1,50
1	Sur le Repdick n° 47 de la Vasches, pont en briques à la Vasches	1,50
2	Sur idem, pont en briques, à 764 mètres plus loin sur le chemin de Bourbourg à Gravelines.	1,60
3	Sur idem, pont en briques, à 559 mètres plus loin sur un chemin et à 87 mètres du Palinck-Dick	2,00
1	Sur le Repdick n° 48 de idem, pont en briques, à la Vasches	1,00
2	Sur idem, pont en briques, au Cousliet	0,80
1	Sur le Wingaert-Wliet n° 49, pont en briques, à 525 mètres de l'origine, sur le Zeedickstraete	0,90
2	Sur idem, pont en briques à 1,158 mètres plus loin sur la chaussée de Loon à Bourbourg	1,50
3	Sur idem, pont en briques à 2,776 mètres plus loin sur le chemin de Soud-Gracht	1,00
1	Sur le Wissel-Gracht, n° 59, pont en briques à 16 mètres du Palinck-Dick sur le Zeedickstraete.	2,80
2	Sur idem, pont en briques à 873 mètres plus loin sur la chaussée de Bourbourg à Loon	3,00
3	Sur idem, pont en briques à 640 mètres plus loin à l'A-ven, sur la rue de Craywick	2,30
4	Sur idem, pont en briques à 941 mètres plus loin sur le chemin de Zoud-Gracht	2,00
5	Sur idem, pont en briques à 1,097 mètres plus loin au canal de Bourbourg.	2,50
1	Sur le Repdick n° 52 du Cappel-Gracht, pont en briques sur le Zeedickstraete.	1,20
1	Sur la branche n° 53 de idem, busc en terre cuite sur un chemin d'exploitation longeant le Cappel-Gracht.	0,40
1	Sur le Nieuw-Gracht n° 54, pont en briques à 1,027 mètres de l'origine sur l'ancien chemin de Bergues.	2,00
1	Sur l'Aven n° 55, pont en briques à 209 mètres plus	

NUMÉROS.	DESCRIPTION DES PONTS.	Largeur du passage.
		Mètres
	loin que le Mardick-Gracht, sur le chemin de Cray-wick à sa jonction à la route n° 62	1,70
2	Sur idem, pont en briques à 482 mètres plus loin sur un chemin allant à la route	0,80
3	Sur idem, pont en briques à 860 mètres plus loin sur l'Hellestraete	1,20
4	Sur idem, pont en briques à 417 mètres plus loin sur un chemin allant à la route	1,60
5	Sur idem, pont en briques à 1,663 mètres plus loin sur un chemin dit rue Amaswick	2,50
6	Sur idem, pont avec culées en briques et tablier en bois, à 500 mètres plus loin sur la rue de l'Eglise à Graywick.	2,20
7	Sur idem, pont en briques à 315 mètres plus loin sur le chemin de Coppenaxfort.	1,70
1	Sur l'ancien Aven n° 56, busc en bois à 98 mètres de l'origine	0,50
	Sur idem, à la route n° 62.	1,70
1	Sur le Riethouck n° 58, pont en briques sur le chemin de Soud-Gracht	0,80
1	Sur le Repdick n° 61 du Soud-Gracht, busc en bois au Soud-Gracht	0,40
1	Sur le Gemmen-Gracht n° 62, busc en bois à l'Aven . .	0,40
1	Sur le Soud-Gracht, n° 63, pont en briques à 1,169 mè-tres de l'origine sur le chemin Loowaegt.	2,50
2	Sur idem, pont en briques à 1,324 mètres plus loin sur l'Hellestraete, à l'endroit où le watergand passe de l'Ouest à l'Est	2,30
	Sur le Mardick-Gracht, n° 65, pont en briques sur la route n° 62.	2,80
1	Sur le Noort-Gracht n° 66 à Mardick, pont en briques à l'origine	0,80
2	Sur idem, pont en briques à 849 mètres plus loin . . .	0,95
3	Sur idem, pont en briques à 545 mètres plus loin. . .	1,50
1	Sur le watergand de la concession Lamorlière n° 67, busc en briques sous le Roseboomstraete	0,80
2	Sur idem, busc en briques sous un chemin allant aux dunes	0,40
1	Sur le West-Houck n° 68, busc en briques, au Nord-gracht sur Mardick	0,40
1	Sur le Noortgracht n° 70, pont en briques, à 1,759 mè-tres du canal de Bourbourg sur un chemin	3,00
2	Sur idem, pont en briques, à 1,678 mètres plus loin sur le chemin du Grand-Millebrugghe.	2,80

NUMÉROS.	DESCRIPTION DES PONTS.	Largeur du passage.
		Mètres
3	Sur idem, pont en briques, à 1,932 mètres plus loin sur le chemin dit Cooxwortstraete.	2,20
4	Sur idem, pont en briques, à 1,875 mètres plus loin sur le Wlaminck-straete.	2,50
5	Sur idem, pont en briques, à 1,452 mètres plus loin sur le Puythouckstraete.	1,80
6	Sur idem, pont en briques, à 1,223 mètres plus loin .	0,80
7	Sur idem, pont en briques, à 1,307 mètres plus loin sur l'Helletracte.	2,00
8	Sur idem, pont en briques, à 1,653 mètres plus loin sur le chemin Lovovecque et à 931 mètres du Sond-Gracht	1,00
1	Sur le Wateringracht n° 71, pont en briques, à l'origine sur le Leorstraete.	1,00
2	Sur idem, pont en briques, sur la rue de l'Eglise à Mar-dick	1,20
1	Sur le Repdick n° 72 de Wateringracht, busc en bois, au Mardick-Gracht	0,80
1	Sur le Liannes n° 73, busc en bois, au Wlaminckstraete.	0,30
1	Sur la branche n° 74 de idem, pont en briques, sur le chemin dit de Leensstraete	1,00
2	Sur idem, pont en briques, sur le chemin de Dekerck-traete	1,00
1	Sur le Duyker, pont en briques, à 628 mètres de l'ori-gine	0,80
1	Sur le Repdick n° 80 de la ferme Moral, busc en bois, sur un chemin à 393 mètres du Noortgracht.	0,50
1	Sur le Repdick n° 81 de la maison Lejeune, busc en bois à 615 mètres de l'origine	0,40
	Sur le Wlaminckstraete n° 85, pont en briques sur la route n° 62	1,10
1	Sur le Helledick n° 86, pont en briques sur l'ancien chemin de Dunkerque	0,80
	Sur idem, pont en briques, sur la route n° 62 . . .	1,30
2	Sur idem, pont en briques, sur le Gernaertstraete. . .	1,00
1	Sur le Repdick n° 87, busc en terre cuite sous un che-min	0,40
1	Sur le Repdick de l'Ouest n° 88, pont en briques, sur le Roseboomstraete.	1,00
1	Sur le Repdick n° 89 de l'Est, pont en briques sous le vieux chemin de Dunkerque	1,00
	Sur idem, pont en briques sur la route n° 62 . . .	1,50
1	Sur l'Albeck n° 90, busc en bois sous un chemin de ferme allant à la route.	1,60

NUMÉROS.	DESCRIPTION DES PONTS.	Largeur du passage.
		Mètres
2	Sur idem, busc en bois sous l'ancien chemin de Dun-kerque	0,40
	Sur idem, pont en briques sur la route n° 62.	1,00
1	Sur l'Oude-Albeck n° 93, busc en bois, à 332 mètres 50 de l'origine, sur un chemin	0,40

ARTICLE 6.

NUMÉROS.	DESCRIPTION DES AQUÉDUCS.	LARGEUR du passage.

ARTICLE 7.

NUMÉROS.	DESCRIPTION DES PASSERELLES.	LARGEUR.

ARTICLE 8.

NUMÉROS.	DESCRIPTION DES SIPHONS.	LARGEUR.

CHAPITRE VII.

2° section des Wateringues.

Elle comprend tout le terrain renfermé entre la rivière de l'Aa, le canal de Bourbourg, le canal de Bergues à Dunkerque et la Haute-Colme.

Sa superficie est de 10,189 hectares.

ARTICLE 1er.

Administration.

NOMS.	DEMEURES.	FONCTIONS.	DIVI-SIONS.	OBSERVATIONS.
Hilst.	Armbouslcappel.	Président.	1	
Geerssen.	St-Pierrebrouck.	Administrat^r.	2	
Hamerel, Joseph.	Grande-Synthe.		3	
Belle, Edouard.			4	
Mahieu.	Petite-Synthe.		5	
Vanwormhoudt.	Bourbourg.	Percepteur.		
Vercoustre.	Id.	Conducteur.		
Mine.	Dunkerque.	Secrétaire.		
Bruneval.		Garde.		

ARTICLE 2.

Tableau indiquant les cotisations, le nombre des watergands et leurs longueurs et largeurs, les écluses, ponts, aquéducs, passerelles et siphons.

DATES.	COTISATION par Hectare.	WATERGANDS et CANAUX.	LONGUEUR totale.	ÉCLUSES.	PONTS.	AQUÉDUCS.	PASSERELLES.	SIPHONS.
1825. Janvier. . 1860	4f 16	87	191,980m	61	109		5	

ARTICLE 3.

Nomenclature *descriptive de tous les canaux, watergands et fossés d'écoulement, avec indication des longueurs et des largeurs.*

NUMÉROS.	DESCRIPTION DES WATERGANDS.	LARGEUR au fond.	LARGEUR aux crêtes.	LONGUEUR.
		Mètres	Mètres	Mètres
1	Rocamerdyck commence au watergand Coo-dyck jusqu'au canal de Bergues	2,00	4,00	5694
2	Zilague, au moulin Sapliez jusqu'à vis à vis le fort Français	1,10	3,20	2150
3	Coodyck, à la Colme jusqu'au Langhe-Gracht.	1,20	3,50	3200
4	Langhe-Gracht, dans les fossés de Linck au canal de Bergues	2,10	6,00	16900
5	Verlorencoost, au canal de Bourbourg dans le Langhe-Gracht	1,80	4,00	1550
6	1re branche du Verlorencoost dit fossé d'arrosement dans le Verlorencoost à Dunkerque (La partie à l'Ouest du canal de Bergues est entretenue par la 4e section).	1,00	3,00	640
7	2e branche du Verlorencoost, à un chemin près du Grœgof au Verlorencoost. . . .	1,00	3,00	995
8	Repdick du Verlorencoost, au chemin près du canal de Bourbourg, dans la 2e branche du Verlorencoost	1,00	3,00	1480
9	Sorendyck, du canal de Bourbourg au Langhe-Gracht.	1,50	3,50	2730
10	Bailleudyck, du canal de Bourbourg au Langhe-Gracht.	1,00	3,00	2828,50
11	Dukerdyck, du canal de Bourbourg au Langhe-Gracht.	1,00	3,00	2550
12	Meuldyck, près du canal de Bourbourg au Dukerdyck	1,00	3,00	1640
13	Embranchement du Grand Sparre-Wardedyck, du Langhe-Gracht à la Colme	1,00	3,00	1585
14-15	Sparre-Wardedyck, de la Colme au Langhe-Gracht.	1,50	3,50	3165
16	Waterpleedyck, près le canal de Bourbourg au Langhe-Gracht.	1,30	3,30	1854
17-18	Meleckdyck, de la Colme au Langhe-Gracht.	1,25	3,25	3520
19	Embranchement du Pauwdyck, du Wliet au Langhe-Gracht	1,00	3,00	1659
20	Pauwdyck, de la Colme au Langhe-Gracht.	1,25	3,40	1814
21-22	Scheddyck, de la Colme au Langhe-Gracht.	1,50	3,50	2671

NUMÉROS.	DESCRIPTION DES WATERGANDS.	LARGEUR au fond.	aux crêtes.	LONGUEUR.
		Mètres	Mètres	Mètres.
23	Scarberdyck, près le Wliet au Langhe-Gracht.	1,00	3,00	1116
24	Amandsdyck, id. id.	1,00	3,00	1012
25	Musmakerdyck, près le Langhe-Gracht jusqu'à la Colme.	1,00	3,00	1198
26	Lookergoote, de la Colme au Langhe-Gracht.	1,00	3,00	412
27	Watergand de la veuve Fithon, de la ferme à la Colme, près et à l'Est du pont de Looberghe	1,00	3,00	342
28	Wliet, de la Vieille-Colme à Catove, au canal de Bourbourg.	3,00	6,00	7760
29	1re branche du Wliet, du Wliet au Nieuw-Gracht	1,00	3,00	1817
30	2e branche du Wliet, du Wliet au Nieuw-Gracht.	1,00	3,00	1249
31	3e branche du Wliet, près le Nieuw-Gracht au Wliet.	1,00	3,00	1191
32	Nieuw-Gracht, du Wliet au canal de Bourbourg.	1,75	4,00	3895
33	Biswegue, près de la maison de la veuve Blaker, au canal de Bourbourg. . . .	1,00	3,00	338,50
34	1re branche du Nieuw-Gracht, du Nieu-Gracht à l'Aven.	1,00	3,00	1141,50
35	2e branche du Nieuw-Gracht, du Nieuw-Gracht à l'Aven.	1,00	3,00	1241
36	Aven, du Wliet au canal de Bourbourg . .	2,00	4,00	3550
37	Grand-Hoymille, du Galge-Gracht à l'Aven.	1,00	3,00	2912
38	Galge-Gracht, de l'Aven à la Vieille-Colme, près Catove.	1,00	3,00	1807
39	Petit-Hoymille, du Galge-Cracht à la Vieille-Colme.	1,00	3,00	1663
40	Vieille-Colme, du Wliet au canal de Bourbourg.	3,00	6,00	2576
41	1re branche de la Vieille-Colme, de la Vieille-Colme au Grand-Hoymille. . . . . :	1,00	3,00	1036,50
42	2e branche de la Vieille-Colme, dans les fossés de la ville de Bourbourg jusqu'à la Vieille-Colme.	1,00	3,00	48
43	Ysel-Gracht, de Meulen-Gracht à la Vieille-Colme.	2,00	4,00	912
44	Branche d'Ysel-Gracht, dans la commune de Bourbourg à l'Ysel-Gracht	1,00	3,00	1127
45	Grand-Meulen-Gracht, du canal de Bourbourg à la Vieille-Colme.	2,50	4,50	3292

NUMÉROS.	DESCRIPTION DES WATERGANDS.	LARGEUR		LONGUEUR.
		au fond.	aux crêtes.	
		Mètres.	Mètres.	Mètres.
46	Petit-Meulen-Gracht, près le canal de Bourbourg au Grand-Meulen-Gracht. . . .	1,00	2,50	1700
47	Watergand au sud du chemin de la Charité, du chemin du Château au Petit-Meulen-Gracht	1,00	3,00	1020
48	Watergand au sud du chemin de St-Nicolas, près le chemin du Château à la branche de l'Ysel-Gracht.	1,00	3,00	913
49	Metts, du chemin de St-Nicolas dans les fossés de Bourbourg	1,00	3,00	427
50	Nouveau watergand, de la branche du Denna au Grand-Meulen-Gracht	1,20	3,20	708
51	Sach-Gracht, du Grand-St-Pierrebrouck au Grand-Meulen-Gracht	1,00	3,00	3194
52	1re branche du Sach-Gracht, du Sach-Gracht à Meulen-Gracht. . . .	1,00	3,00	703
53	2e branche du Sach-Gracht, du Sach-Gracht au Meulen-Gracht	1,00	3,00	1006
54	3e branche du Sach-Gracht, de la pâture du sieur Storlin au Sach-Gracht. . . .	1,00	3,00	250
55	Babil-Gracht, du Grand-St-Pierrebrouck au Grand-Meulen-Gracht	2,00	4,00	1111
56	Grand-St-Pierrebrouck, à environ 260 mètres du chemin de St-Nicolas au Babil-Gracht.	2,00	4,00	2687
57	Watergand de St-Nicolas, du Grand-Saint-Pierrebrouck à la rivière de l'Aa. . .	1,20	3,40	4175
58	Branche du watergand de St-Nicolas, du watergand de St-Nicolas au Grand-St-Pierrebrouck	1,00	3,00	780
59	Denna, du Zylague à la Vieille-Colme et le Wliet à Catove	2,50	5,00	7468
60	Branche du Denna, du watergand de l'Est au Denna. . . .	2,00	4,00	1324
61	Watergand du chemin Vert, du watergand de l'est au Denna	1,00	3,00	6011
62	Watergand de l'Est, de l'Ouest à la branche du Denna	1,20	3,20	4820
63	Watergand de l'Ouest, de la rivière de l'Aa à la branche du Denna	1,30	3,30	5460
64	Vieille-Holke, près du Berger au Denna . .	1,00	3,00	3530,50
65	Watergand de l'Est, de la rivière de l'Aa au Denna.	1,00	3,00	2621

NUMÉROS.	DESCRIPTION DES WATERGANDS.	LARGEUR au fond.	aux crêtes.	LONGUEUR.
		Mètres	Mètres	Mètres.
66	Watergand de l'Ouest, du Zylague au Denna.	1,00	3,00	1761
67	Zylague, du watergand de l'Est au Denna.	1,00	3,00	2850
68	Gronnemètre, de l'Est à l'Est.	1,00	3,00	2754
69	Pycbrouck, de l'Aa au Gronnemètre. . . .	1,00	3,00	799
70	Duker-Gracht, de Lauwerlert à la Colme. .	2,00	4,00	2607
71	Moorsestigne-Gracht, de Lyperstraete au Duker-Gracht.	1,20	3,20	1000
72	Meulen-Gracht, du Wasse-Goote au Duker-Gracht	1,00	3,00	2360
73	Wasse-Goote, de la Colme au Duker-Gracht.	1,20	3,20	2404
74	Kyvit, de la pâture du sieur Pélérin au Wasse-Goote.	1,00	3,00	707
75	Wlien-Ken, de la pâture occupée par le sieur Dehoste, au Wasse-Goote.	1,00	3,00	3660
76	Moor-Gracht, de la motte de Philippe de St-Omer, au Wlien-Ken.	1,00	3,00	605
77	Auwerleet, du chemin des Winsses au Du-ker-Gracht.	1,00	3,00	5553
78	Verlorencoost, du Wasse-Goote à l'Auwer-leet.	1,00	3,00	622
79	Branche de Verlorencoost, du Groenestraete à l'Auwerleet.	1,00	3,00	633
80	Tève-Gracht, du Tèvestraete à l'Auwerleet.	1,00	3,00	475
81	Branche du Tève-Gracht, du Tève-straete au Tève-Gracht	0,80	2,60	1046
82	Gracht-Ken, de l'Auwerleet au watergand de l'Ouest.	1,00	3,00	3255
83	Watergand de l'Ouest, du Gracht-Ken près Catove à l'Auwerleet et le Dukerstraete à Cappellebroucq	1,00	3,00	2664
84	Bazily-Gracht, du Schœurstraete au Duker-Gracht	1,40	3,40	2562
85	Galgue-Gracht, du Speystraete au Bazily-Gracht.	1,20	3,20	1891
86	Zwannaert, de la maison du sieur Domane au Bazily-Gracht	1,00	3,00	1166
87	Branche de Zwannaert, des terres du sieur Vercoustre au Zwannaert.	0,80	2,50	437

ARTICLE 4.

NUMÉROS.	DESCRIPTION DES ÉCLUSES.	LARGEUR.	COTES des radiers
		Mètres	Mètres
1	Sur le Rocamerdyck 1, éclusette simple de décharge, en maçonnerie, entre le Coodyck et le chemin dit Stenstraete.	1,43	
2	Idem, écluse avec pont en briques au canal de Bergues.	2,90	1,58
3	Sur le Coodyck 3, éclusette simple de décharge et d'arrosement, au Langue-Gracht	0,55	
4	Idem, éclusette simple de décharge, en briques, à environ 600 mètres du pont n° 5	0,90	
5	Idem, éclusette simple d'arrosement, avec pont en briques, au débouché du watergand.	0,70	2,00
6	Sur le Langhe-Gracht 4, écluse avec pont en briques sur la route de Bergues.	2,05	1,03
7	Sur le Verlorencoost 5, éclusette simple de déchargement, en briques, à son débouché dans le Langhe-gracht	0,55	
8	Idem, éclusette simple de déchargement, en briques, à environ 500 mètres de l'éclusette n° 7	0,47	
9	Idem, éclusette d'arrosement, avec pont en briques, sur la digue du canal de Bourbourg	0,78	2,25
10	Sur le Jorendyck 9, éclusette avec aquéduc en briques à la naissance du watergand	0,45	
11	Idem, éclusette simple, en briques, à environ 1600 mètres de l'écluse n° 10	0,75	
12	Idem, éclusette simple de déchargement, en maçonnerie, au débouché du watergand, dans le Langhe-Gracht.	0,75	
13	Sur le Bailleuxdyck 10, éclusette simple de déchargement, en maçonnerie.	0,75	
14	Idem, éclusette d'arrosement, en maçonnerie, avec busc en bois, contre le canal de Bourbourg. . . .	0,25	
15	Sur le Dukerdyck 11, éclusette simple de déchargement, en maçonnerie, au débouché du watergand .	0,65	
16	Idem, éclusette d'arrosement, en maçonnerie, avec busc en bois, au canal de Bourbourg	0,25	
17	Sur l'embranchement du Grand-Sparre-Wardedyck 13, éclusette d'arrosement, avec pont en maçonnerie, contre la Colme	0,80	2,38
18	Sur le Sparre-Wardedyck 14 et 15, éclusette avec pont en maçonnerie, sur la digue de la Colme. . .	0,80	2,33
19	Sur le Waterpleedyck 16, éclusette avec pont en maçonnerie, sur le chemin le Langhe-Gracht. . . .	0,75	

NUMÉROS.	DESCRIPTION DES ÉCLUSES.	LARGEUR	COTES des radiers
		Mètres	
20	Sur le Melecdyck 17 et 18, éclusette avec pont en maçonnerie sur le chemin longeant le Langhe-Gracht.	0,80	
21	Idem, éclusette en maçonnerie, avec pont sur la digue de la Colme	1,30	2,20
22	Sur l'embranchement du Pauwdyck 19, éclusette avec pont en maçonnerie, sur un chemin de terre à environ 650 mètres du Langhe-Gracht	0,95	
23	Idem, éclusette avec pont en maçonnerie, sur le chemin longeant le Wliet à Copenaxfort	0,65	
24	Sur le Pauwdyck 20, éclusette avec pont en maçonnerie, sur le chemin longeant le Langhe-Gracht . .	0,90	
25	Idem, éclusette avec pont en maçonnerie, sur la digue de la Colme	0,80	2,18
26	Sur le Scheddyck 21 et 22, éclusette avec pont en maçonnerie, sur le chemin longeant le Langhe-Gracht.	0,70	
27	Idem, éclusette avec pont en maçonnerie sur la digue de la Colme	1,55	2,25
28	Sur le Musmarkendyck 25, éclusette avec pont en maçonnerie sur la digue de la Colme	0,60	2,23
29	Sur le Lookergoote 26, éclusette avec pont en maçonnerie de briques sur la digue de la Colme	0,70	2,30
30	Sur le watergand 27 de la veuve Fithon, éclusette avec pont en maçonnerie, sous la digue de la Colme . .	0,50	2,55
31	Sur le Wliet 28, écluse avec pont en maçonnerie sur la digue du canal de Bourbourg.	2,65	2,28
32	Sur la branche du Wliet 29, éclusette au pont en maçonnerie à la naissance du watergand du Wliet. . .	0,60	
33	Idem, éclusette avec pont en maçonnerie au Nieuw-Gracht.	0,50	
34	Idem 30, éclusette avec pont en maçonnerie au débouché du watergand, dans le Nieuw-Gracht. . . .	0,80	
35	Sur le Nieuw-Gracht 32, éclusette simple en maçonnerie à la naissance du watergand au Wliet . . .	0,45	
36	Idem, éclusette avec pont en maçonnerie sur la digue du canal de Bourbourg.	1,45	2,68
37	Sur le Biswegue 33, éclusette avec pont en maçonnerie sur la digue du canal de Bourbourg	0,55	2,78
38	Sur l'Aven 36, éclusette simple en maçonnerie à la naissance du watergand, dans le Wliet	0,60	
39	Idem, éclusette avec pont en maçonnerie sur la digue du canal de Bourbourg.	1,55	2,84

NUMÉROS.	DESCRIPTION DES ECLUSES.	LARGEUR.	COTES des radiers
		Mètres	Mètres
40	Sur le Galgegracht 38, éclusette avec pont en maçonnerie au débouché du watergand, dans la Vieille-Colme	0,60	
41	Sur le Petyt-Hoymille 39, éclusette avec pont en maçonnerie au débouché du watergand, dans la Vieille-Colme	0,60	
42	Sur la Vieille-Colme 40, écluse avec pont en maçonnerie au débouché, dans le canal de Bourbourg . .	3,50	2,56
43	Sur la branche 42 idem, éclusette simple en maçonnerie à environ 20 mètres de son débouché	0,75	
44	Sur le Grand-Meulen-Gracht 45, éclusette avec pont en maçonnerie sur la digue du canal de Bourbourg.	1,20	3,15
45	Sur le watergand au sud du chemin de la Charité 48, éclusette avec pont en maçonnerie, à la naissance du watergand près du chemin du Château. . . .	0,50	
46	Sur le Metts 49, éclusette simple en maçonnerie, à 27 mètres du débouché dans les fossés de Bourbourg.	0,50	
47	Sur le Grand St-Pierrebrouck 56, éclusette simple en maçonnerie, sur la digue du canal de Bourbourg. .	0,40	3,27
48	Sur le watergand de St-Nicolas 57, éclusette avec pont en maçonnerie, au débouché dans la rivière de l'Aa	0,50	3,82
49	Sur le watergand de l'Ouest 63, éclusette avec pont en maçonnerie, à la naissance du watergand dans la rivière de l'Aa	0,40	3,62
50	Sur le watergand de l'Est 65, éclusette avec pont en maçonnerie, à 34 mètres de la naissance du Gronnemètre dans le watergand de l'Est.	0,40	3,84
51	Sur le Zylague 67, éclusette avec pont en maçonnerie, à environ 1,200 mètres de son débouché dans la Denna	0,50	
52	Idem, éclusette avec pont en maçonnerie, à environ 800 mètres du précédent	1,00	
53	Sur le Gronnemètre 68, éclusette avec pont en maçonnerie, au débouché du watergand dans l'Est . . .	0,80	
54	Idem, éclusette avec pont en maçonnerie, à la naissance du watergand vis à vis le Zylague.	0,70	
55	Sur le Pycbrouck 69, éclusette avec pont en maçonnerie, sur un chemin au débouché du watergand dans le Gronnemètre	0,50	
56	Idem, éclusette en maçonnerie avec buse en bois, à la naissance du watergand dans l'Aa.		4,03
57	Sur le Duker-Gracht 70, éclusette simple en maçonne-		

NUMÉROS.	DESCRIPTION DES ECLUSES.	LARGEUR.	COTES des radiers
		Mètres	Mètres
	rie, à environ 900 mètres du chemin Cappelle brouck	2,20	
58	Sur le Duker-Gracht 70, écluse avec pont en maçonnerie, sur la digue de la Colme.	2,30	2,44
59	Sur le Meulen-Gracht 72, éclusette simple en maçonnerie à son débouché dans le Duker-Gracht	0,80	
60	Idem, éclusette simple en maçonnerie, à la naissance du watergand dans le Wasse-Goote	0,50	
61	Sur le Wasse-Goote 73, éclusette avec pont en maçonrie à la naissance du watergand, dans la Colme . . .	0,50	3,38

ARTICLE 5.

NUMÉROS.	DESCRIPTION DES PONTS.	Largeur du passage.
	NOTA — Les ponts éclusés ayant été désignés dans la nomenclature des écluses, ne seront pas répétés dans cette description.	
	Les ponts sont décrits en suivant le cours des watergands, la série des numéros se suivra autant que possible par watergand, c'est celle prise sur l'atlas des Wateringues.	Mètres
	Sur le Rocamerdyck 1, busc en bois sous le chemin à la naissance du watergand d'Aremboutscappel. . . .	0,20
	Idem, pont en maçonnerie de briques à environ 1,300 mètres de la naissance du watergand.	0,70
2	Idem, pont en maçonnerie sur le chemin dit la Hem-straete.	1,60
5	Sur le Coodyck 3, pont en maçonnerie à environ 750 mètres de la naissance du watergand dans la Colme. . .	1,80
27	Sur le Langhe-Gracht 4, pont en maçonnerie au chemin dit Looedickstraete	1,50
26	Idem, pont en maçonnerie à 358 mètres du précédent. . .	1,00
	Idem, idem. sur la route de Cassel. . . .	1,70
24	Idem, idem. à environ 1,100 mètres du précédent	1,70
22	Idem, pont en maçonnerie sur le chemin Dieppestraete. .	2,30
19	Idem, idem. sur le chemin qui traverse le village de Brouckerque	2,00
15	Idem, pont en maçonnerie sur le chemin dit Wlaminck-straete.	3,10
14	Idem, pont en maçonnerie au Grand-Tournant, près du village de Spycker	2,50
12	Idem, pont en maçonnerie sur le chemin du Grand-Mille-brugghe, au pont de Petite-Synthe	2,50
13	Idem, pont en maçonnerie sur le chemin dit Cokwoor-straete.	2,60
10	Idem, pont en maçonnerie à environ 1,650 mètres du pont nº 12 ci-avant.	2,25
8	Idem, pont en maçonnerie à environ 79 mètres du Coodyck.	2,90
	Sur le Dukerdyck 11, pont en maçonnerie sur le chemin, près de l'éclusette nº 15.	1,30
35	Idem, pont en maçonnerie sur le Wlaminckstraete	1,50
	Sur l'embranchement du Sparre-Wardyck 13, pont en maçonnerie à 42 mètres de la naissance	1,00
17	Sur le Sparre-Wardedyck 14 et 15, pont en maçonnerie sur le chemin longeant le Langhe-Gracht	1,00

NUMÉROS.	DESCRIPTION DES PONTS.	Largeur du passage.
		Mètres
39	Idem, pont en briques sur le chemin dit rue de Bergues. .	1,00
43	Sur le Melecdyck 17 et 18, pont en maçonnerie sur le chemin de Bourbourg à Brouckerque.	0,95
41	Idem, pont en maçonnerie sur le chemin à environ 300 mètres du pont éclusé n° 20	0,90
	Sur le Scarberdyck 23, pont en maçonnerie à environ 400 mètres de son débouché dans le Langhe-Gracht . . .	0,70
48	Sur l'Amandsdyck 24, pont en maçonnerie à environ 250 mètres de son débouché dans le Langhe-Gracht	1,00
50	Sur le Musmakerdyck 25, pont en maçonnerie à environ 550 mètres de la naissance près Langhe-Gracht	1,00
60	Sur le Wliet 28, pont en bois à 27 mètres de la naissance de l'Aven watergand . . . , ...	6,00
57	Idem, pont en maçonnerie sur la route de Cassel. . . .	3,20
55	Sur la branche 30 du Wliet, pont en maçonnerie sur la branche du Wliet watergand	1,00
56	Sur la branche 31 du Wliet, pont en maçonnerie à la naissance du watergand dans le Wliet	1,00
67	Sur le Nieuw-Gracht 32, pont en maçonnerie sur un chemin à environ 75 mètres de l'éclusette n° 35	0,70
66	Sur le Nieuw-Gracht 32, pont en maçonnerie sur la route de Cassel à Bourbourg	1,60
65	Idem, pont en maçonnerie sur le chemin Guséreestraete.	1,80
70	Sur la branche 34 du Biswegue, pont en maçonnerie au débouché du watergand, dans l'Aven	0,80
72	Sur la branche 35 idem, pont en maçonnerie de briques au débouché du watergand, dans l'Aven.	0,50
74	Sur l'Aven 36, pont en maçonnerie à environ 18 mètres de la naissance du watergand, dans le Wliet	0,08
79	Sur idem, pont en maçonnerie sur la route de Bourbourg à Cassel	1,00
71	Sur idem, pont en maçonnerie sur le chemin de Guséreestraete.	2,20
75	Sur le Grand-Hoymille 37, pont en maçonnerie sur la route de Bourbourg à Cassel	1,75
83	Sur la Vieille-Colme 40, pont en maçonnerie à la jonction du watergand au Wliet à Catove	4,00
78	Idem, pont avec culées en maçonnerie et tablier en bois, sur la route de Cassel, près Bourbourg	3,00
77	Idem, pont en maçonnerie sur un chemin à environ 200 mètres du débouché du watergand	4,00
84	Sur la branche 41 de la Vieille-Colme, pont en maçonnerie sur un chemin à environ 180 mètres de son débouché.	1,60

NUMÉROS.	DESCRIPTION DES PONTS.	Largeur du passage.
		Mètres
80	Sur l'Ysel-Gracht 43, pont en maçonnerie au débouché du watergand, dans la Vieille-Colme.	1,30
82	Sur le Grand-Meulen-Gracht 45, pont en maçonnerie sur le chemin à la naissance du watergand, dans la Vieille-Colme.	2,20
91	Idem, pont en maçonnerie sur le chemin de Bourbourg à St-Nicolas	2,00
94	Idem, pont en briques à la naissance du Petit-Meulen-Gracht sur le Grand	2,00
95	Sur le Petit-Meulen-Gracht 46, pont en maçonnerie au débouché du watergand, dans le Grand-Meulen-Gracht. .	1,20
98	Idem, pont en maçonnerie à la jonction du chemin de la Charité avec celui du Grand-Meulen-Gracht	1,40
97	Idem, pont en maçonnerie à la naissance du watergand. .	1,20
	Sur le watergand au sud du chemin de la Charité 47, busc en bois sous le chemin du Château.	0,25
	Sur le Metts, busc en bois à la naissance du watergand sous le chemin de St-Nicolas	
101	Sur le nouveau Watergand 50, pont en maçonnerie à la naissance du watergand, dans la branche du Denna . .	2,30
88	Idem, pont en maçonnerie à 10 mètres de son débouché, dans le Grand-Meulen-Gracht.	2,50
103	Sur le Sach-Gracht 51, pont en maçonnerie sur un chemin longeant le Babil-Gracht	0,80
102	Idem, pont en maçonnerie, sur le chemin de St-Nicolas à Bourbourg	1,00
89	Idem, pont en briques au débouché du watergand, dans le Meulen-Gracht.	0,80
91	Sur la branche 52 du Sach-Gracht, pont en maçonnerie au débouché du watergand, dans le Meulen-Gracht . .	1,00
90	Idem 53, pont en maçonnerie au débouché du watergand, dans le Meulen-Gracht	1,00
93	Sur le Babil-Gracht 55, pont en maçonnerie au débouché du watergand, dans le Meulen-Gracht	1,50
	Sur le Grand-St-Pierrebrouck 56, pont en maçonnerie sur le chemin de St-Nicolas	1,50
106	Idem, pont en maçonnerie à environ 500 m du précédent.	2,00
108	Sur le watergand de St-Nicolas 57, pont en maçonnerie à la jonction du watergand avec sa branche.	1,00
109	Idem, pont en maçonnerie sur le chemin de St-Nicolas. .	1,50
105	Sur la branche du watergand de St-Nicolas 58, pont en maçonnerie au débouché du watergand, dans le Grand-St-Pierrebrouck	1,50

NUMÉROS.	DESCRIPTION DES PONTS.	Largeur du passage.
		Mètres
61	Sur le Denna 59, pont en maçonnerie au débouché du watergand, dans la Vieille-Colme et le Wliet.	
111	Idem, pont en maçonnerie à la jonction du watergand avec la branche du Denna	1,50
112	Idem, pont en maçonnerie sur le chemin dit Gamestraete.	3,30
113	Idem, pont en maçonnerie sur le chemin longeant le watergand du chemin Vert	1,50
114	Idem, pont en maçonnerie sur le chemin dit Tèvestraete.	1,50
115	Idem, pont en maçonnerie sur le chemin qui se trouve entre les watergands Est et Ouest	1,40
117	Sur le watergand du chemin Vert 61, pont en maçonnerie sur le chemin dit Corvinstraete	1,70
119	Sur le watergand de l'Est 62, pont en maçonnerie sur le chemin dit Corvinstraete, près de St-Pierrebrouck . .	1,50
116	Sur le watergand de l'Ouest 63, pont en maçonnerie à la jonction de la branche du Denna avec ce watergand . .	1,60
118	Idem, pont en maçonnerie sur le chemin entre l'Est et l'Ouest, à environ 600 mètres du précédent.	
122	Idem, pont en maçonnerie sur le chemin dit Corvinstraete, près de St-Pierrebrouck	1,50
120	Idem, pont en maçonnerie sur le chemin entre l'Est et l'Ouest, à environ 300 mètres du pont précédent . . .	0,65
121	Idem, pont en maçonnerie à la jonction du watergand de l'Est avec celui de l'Ouest	0,60
124	Sur la Vieille-Holke 64, pont en maçonnerie à environ 1300 mètres de son débouché dans le Denna	1,00
125	Sur le watergand de l'Est 65, pont en maçonnerie sur un chemin à environ 1200 mètres du débouché du watergand dans le Denna.	3,00
126	Idem, pont en maçonnerie à 452 mètres du précédent . .	0,80
127	Idem, pont en maçonnerie sur un chemin près de l'église.	1,00
128	Idem, pont en maçonnerie à environ 106 mètres du précédent.	1,00
131	Idem, pont en maçonnerie à la naissance du watergand, contre l'Aa.	1,00
140	Sur le Ducker-Gracht 70, pont en maçonnerie à la naissance du watergand, dans la commune de Cappellebrouck. . .	1,80
137	Idem, pont en maçonnerie sur le chemin longeant la Vieille-Colme, près Lynck	2,50
141	Sur le Moorsestigne-Gracht 71, pont en maçonnerie sur le chemin à la naissance du watergand, dans le Yperstraete.	0,60
142	Sur le Meulen-Gracht 72, pont en maçonnerie sur le chemin de Lynck à Cappellebrouck	0,90

NUMÉROS.	DESCRIPTION DES PONTS.	Largeur du passage.
		Mètres
144	Sur le Wasse-Goote 73, pont en maçonnerie sur le chemin de Lynck à Cappellebrouck, à 90 mètres de son débouché.	1,30
145	Idem, pont en maçonnerie sur le chemin dit Nieuwstraete.	1,00
146	Idem, pont en maçonnerie tenant au pont précédent n° 145, et sur le chemin qui longe le Wliet-Ken.	1,20
147	Idem, pont en maçonnerie au débouché du Kywit dans ce watergand, et à 12 mètres de l'écluse n° 60 . . . : . .	1,50
	Sur le Kywit, busc en bois à 220 mètres de la naissance du watergand	0,15
150	Sur le Wliet-Ken, sur le chemin dit Wesselstraete. . . .	0,60
149	Idem, pont en maçonnerie sur le chemin Benedickstraete.	1,00
154	Sur l'Auwerleet 77, pont en maçonnerie sur le chemin dit Westelstraete	1,00
152	Idem, pont en maçonnerie à la jonction de la branche du Verlorencoost avec ce watergand	1,00
151	Idem, pont en maçonnerie sur le chemin dit Groenestraete.	1,00
157	Idem, idem, au débouché du watergand, et tenant au pont n° 140 à la naissance du Ker-Gracht. .	1,00
153	Sur le Verlorencoost 78, pont en maçonnerie au débouché du watergand dans l'Auverleet	0,70
155	Sur le Tève-Gracht 80, pont en maçonnerie sur le chemin Tèvestraete	0,60
156	Sur le Gracht-Ken 82, pont en maçonnerie sur le chemin Lauwerstraete.	1,50
159	Sur le watergand de l'Ouest 83, pont en maçonnerie à la jonction du Schœurstraete avec le Nieuwstraete	0,80
158	Idem, pont en maçonnerie à la jonction du Lauwerstraete avec le Nieuwstraete	1,25
164	Sur le Bazily-Gracht 84, pont en maçonnerie à la naissance du watergand le Schœurstraete	0,80
163	Idem, pont en maçonnerie sur le chemin dit Lauwerstraete, longeant le watergand	
161	Idem, pont en maçonnerie sur le chemin dit Speystraete .	
160	Sur le Galgue-Gracht 85, pont en maçonnerie au débouché du watergand dans le Bazilystraete.	1,00
162	Sur le Zwannaert 87, pont en maçonnerie au débouché du watergand dans le Bazily-Gracht	1,00

NUMÉROS.	DESCRIPTION DES PONTS.	LARGEUR.

4

ARTICLE 6.

NUMÉROS.	DESCRIPTION DES AQUÉDUCS.	LARGEUR

ARTICLE 7.

NUMÉROS.	DESCRIPTION DES PASSERELLES.	LARGEUR.
	Sur le Coodyck n° 3, composé de deux madriers avec garde-corps pour le passge des piétons.	
	Sur le Langhe-Gracht n° 4, idem	
	Sur idem idem	
	Sur le Melecdyck n°s 7 et 18, idem	
	Sur le Scarberdyck n° 23, idem	

ARTICLE 8.

NUMÉROS.	DESCRIPTION DES SIPHONS.	LARGEUR.

CHAPITRE VIII.

3ᵉ section des Wateringues.

Elle comprend le territoire situé à la droite de la Colme et enfermé entre le canal, la rivière de l'Aa, la route Impériale n° 16 et la limite des terres hautes au sud de la Haute-Colme.
Sa superficie est de 8,509 hectares.

ARTICLE 1ᵉʳ.

Administration.

NOMS.	DEMEURES.	FONCTIONS.	DIVI-SIONS.	OBSERVATIONS.
Demeesemaker, �֍	Bergues.	Président.	1	
Carlier, A., �֍.	Dunkerque.	Administratʳ.	2	
Meesemaker.	Bergues.	Id.	3	
Defly.	Pitgam.	Id.	4	
Decroocq	Watten.	Id.	5	
Dehaze.	Bergues.	Percepteur.		
Hagron.	Id.	Conducteur.		
Dehaze.	Id.	Secrétaire.		
Fourcy.	Steene.	Garde.		

ARTICLE 2.

Tableau *indiquant les cotisations, le nombre des watergands et leurs longueurs et largeurs, les écluses, ponts, aquéducs, passerelles et siphons.*

DATES.	COTISATION par Hectare.	WATERGANDS et CANAUX.	LONGUEUR totale.	ÉCLUSES.	PONTS.	AQUÉDUCS.	PASSERELLES.	SIPHONS.
1825. Janvier. .		33	83,755^m	29	52			

ARTICLE 3.

Nomenclature descriptive de tous les canaux, watergands et fossés
d'écoulement, avec indication des longueurs et largeurs.

NUMÉROS.	DESCRIPTION DES WATERGANDS.	LARGEUR		LONGUEUR.
		au fond.	aux crêtes.	
		Mètres	Mètres	Mètres
1	Houteval commence au Boudick jusqu'à la Colme, près de Wattendam	0,95	3,30	2280,50
	Branche commence près du bois jusqu'au Boudick.	0,95	3,30	306,60
2	Boudick commence à l'Houteval jusqu'au Holeet	2,75	5,00	7322
3	Petit-Beirdick, du Grand-Beirdick au Baudrick	0,80	2,80	1087
4	Grand-Beirdick, du Petit-Beirdick au Holeet.	1,80	3,70	2673
5	Boudick, près du Grand-Beirdick au Holeet.	1,00	3,00	1440
6	Arrières-Wateringues, du Middelbrouck-stracte au Boudick.	1,50	3,20	1626
7	Geergracht commence dans les terres jusqu'au Boudick, près de Lynck	2,40	4,00	1091,50
8	Holeet commence au Grand-Beirdick, à la Colme	2,80	5,40	4053
9	Willemine commence dans les terres jusqu'au Holeet	0,80	2,80	602
10	Schedick commence à la limite de Merkeghem et Erlinghem jusqu'au Hoolet	1,50	4,80	2752
11	Achterleet commence à la commune de Merkeghem jusqu'au Schedick	2,00	4,50	1559
12	Millamsdick, de l'Achterleet au Hoolet . . .	1,50	5,10	425
13	Auverdick commence à la commune de Eringhem jusqu'au Hoolet	1,50	5,75	4960
14	Schardauwgracht, de l'Ouverdick au Snackdick	1,90	4,50	5249,50
15	Muchembled commence au Schardauwgracht à la colme.	1,10	3,30	590,50
16	Laudsdick, d'Eringhem au Schardauwgracht.	1,50	4,50	4988
17	Gauwbecque commence à Looberghe (commune), jusqu'au Schardauwgracht	0,85	4,00	1093
18	Kerkhofgracht commence au Schardauwgracht, à la Colme.	0,90	4,50	1185
19	Holque commence à la commune de Looberghe, à la Colme	1,00	3,50	928,50
20	Snackdick, du canal de Drincham à la Colme.	1,80	6,00	1362
21	Canal de Drincham, de la commune de Drincham au canal de Pitgam	1,80	6,00	3244,50

NUMÉROS.	DESCRIPTION DES WATERGANDS.	LARGEUR		LONGUEUR
		au fond.	aux crêtes.	
		Mètres	Mètres	Mètres
22	Canal de Pitgam, de la commune du Pitgam à la Colme . . . . : .	3,00	7,50	4424
23	Wulve-Gracht, du canal de Drincham au canal de Pitgam	1,50	3,50	966
24	Houde-Gracht, du canal de Pitgam à la Colme.	2,00	5,50	9185,50
25	Landsdick, de l'Houde-Gracht à la Colme. .	1,20	3,50	940
26	Canal de Steene, idem.	3,50	6,30	1448,50
27	Hout-Gracht, du canal de Pitgam dans le Biernedick et à la Colme par le canal de Steene	2,00	5,00	8277,50
28	Escou-Gracht, de la commune de Steene à l'Hout-Gracht	2,00	4,00	848
29	Verlorencoost, de la commune de Steene à l'Hout-Gracht.	1,00	4,00	613
30	Biernedick commence à la jonction de la bèque dans la commune de Bierne à l'Hout-Gracht	2,00	4,00	2552
31	Nouveau Biernedick, du Biernedick aux avant-fossés des fortifications de Bergues.	1,80	4,10	1592,50
32	Holeet, du Biernedick aux avant-fossés des fortifications de Bergues		4,00	1350
33	Watergand de la Chapelle, commence au chemin de Bergues à Bierne jusqu'à la Colme.	1,00	3,20	800

ARTICLE 4.

NUMÉROS.	DESCRIPTION DES ÉCLUSES.	LARGEUR.	COTES des radiers
		Mètres	Mètres
1	Sur l'Houtval n° 1, éclusette simple en maçonnerie, sur la digue de Watten	0,60	
2	Idem, éclusette avec pont en maçonnerie près du bassin de Wattendam.	1,00	3,47
3	Idem, éclusette avec pont en maçonnerie au débouché de la branche dans ce watergand.	0,65	
4	Idem, éclusette avec pont en maçonnerie sur le chemin de Millam à Watten	0,65	
5	Sur le Boudick 2, éclusette avec pont en maçonnerie, à environ 200 mètres de la naissance du Houtval dans ce watergand.	1,80	
6	Idem, éclusette avec pont en maçonnerie à la jonction du Petit Beirdick avec le Boudick	1,85	
7	Idem, éclusette avec pont en maçonnerie à l'embranchement du Boudick contre la Colme	0,60	2,64
8	Idem, éclusette avec pont en maçonnerie au débouché du watergand dans l'Holeet.	1,65	
9	Sur le Petit Beirdick 3, éclusette avec pont en maçonnerie à la jonction du Petit et du Grand Beirdick. .	0,60	
10	Sur le Boudick 5, éclusette avec pont en maçonnerie au débouché du watergand dans l'Holeet . . .	0,70	
11	Sur le Geer-Gracht 7, éclusette simple en maçonnerie au débouché du watergand dans le Boudick. . .	0,70	
12	Sur le Holeet 8, écluse avec pont en maçonnerie sur la digue de la Colme.	2,80	2,30
13	Sur le Wilmine 9, éclusette simple en maçonnerie à 65 mètres de la naissance du watergand		
14	Sur l'Ouverdyck 13, éclusette avec pont en maçonnerie à 1,800 mètres du Nieuwlandstraete.	2,40	
15	Sur le Schardauw-Gracht 14, éclusette avec pont en maçonnerie sur le chemin Nouvelly	0,80	
16	Sur le Muchemblet 15, éclusette avec pont en maçonnerie sur la digue de la Colme.	0,60	2,63
17	Sur le Gauwbecque 17, éclusette avec pont en maçonnerie à environ 650 mètres de la naissance du watergand	1,50	
18	Sur le Kerkhof-Gracht 18, éclusette avec pont en maçonnerie sur la digue de la Colme.	1,20	2,40
19	Sur le Holque 19, éclusette avec pont en maçonnerie sur la digue de la Colme	0,60	2,60
20	Sur le Suacdick 20, éclusette avec pont en maçonnerie sur la digue de la Colme.	1,00	2,50

NUMÉROS.	DESCRIPTION DES ECLUSES.	LARGEUR.	COTES des radiers
		Mètres	Mètres
21	Sur le canal de Drincham, écluse avec pont en maçonnerie sur la digue du canal de Pitgam.	2,30	
22	Sur le canal de Pitgam 22, écluse avec pont en maçonnerie sur la digue de la Colme.	2,80	1,78
23	Sur le Wulve-Gracht 23, éclusette avec pont en maçonnerie sur la digue du canal de Pitgam	0,80	
24	Sur le Houde-Gracht 24, éclusette avec pont en maçonnerie sur la digue de la Colme. . . . ., . .	1,22	1,84
25	Sur le Landsdick 25, éclusette avec pont en maçonnerie sur la digue de la Colme.	1,20	2,13
26	Sur le canal de Steene 26, écluse avec pont en maçonnerie sur la digue de la Colme.	2,80	1,57
27	Sur l'Houtgracht 27, éclusette avec pont en maçonnerie à l'extréimté de l'allée des Soupirs.	2,50	
28	Sur le watergand de la Chapelle 33, éclusette avec pont en maçonnerie sur le chemin de Bierne. . .	0,70	
29	Sur idem, éclusette avec pont en maçonnerie sur la digue de la Colme.	6,60	

ARTICLE 5.

NUMÉROS.	DESCRIPTION DES PONTS.	Largeur du passage.

NOTA. — Les ponts éclusés ayant été désignés dans la nomenclature des écluses, ne seront pas répétés dans cette description.

Les ponts sont classés par watergand, le conducteur pourra y placer les numéros.

Il existe en outre sur les bèques des ponts ou aquéducs entretenus par les Wateringues ; on n'a pas jugé à propos de les détailler parce qu'ils sont sur des courants d'eau entretenus par le pays.

		Mètre
Sur le Boudick 2, pont en maçonnerie sur le chemin, et tenant à l'écluse n° 5.		0,50
Idem, pont en maçonnerie à environ 169 mètres de l'éclusette n° 5		1,80
Idem, pont en maçonnerie de briques tenant à l'écluse n° 6.		0,50
Idem, pont en maçonnerie sur le chemin du Grand Marais.		1,80
Idem, pont en maçonnerie à environ 500 mètres du chemin du Grand Marais		1,80
Idem, pont en maçonnerie à environ 380 mètres du précédent		1,80
Idem, pont en maçonnerie à environ 80 mètres du watergand dit Arrières-Wateringues.		1,80
Sur le Petit-Beirdick 3, pont en maçonnerie à environ 600 mètres de l'écluse n° 9.		0,80
Sur le Grand-Beirdick 4, pont en maçonnerie sur le Beirdickstraete.		1,50
Idem, pont en maçonnerie au débouché du watergand, dans l'Holeet.		1,50
Sur le Boudick 5, pont en maçonnerie sur le Middelbrouckstraete		1,00
Sur le watergand des Arrières-Wateringues 6, pont en maçonnerie sur le Middelbrouckstraete.		1,40
Sur le Holeet 8, pont en maçonnerie avec tablier en bois et garde-corps sur le Noortstraete		2,80
Idem, pont en maçonnerie sur le chemin de Nouvelly, près de Lynck		3,00
Sur l'Achtezleet 11, pont en maçonnerie sur le chemin de Rousberghe.		1,50
Idem, pont en maçonnerie sur la rue de Brouck		2,70
Sur l'Ouverdick 13, pont en maçonnerie à la naissance du watergand, dans la commune d'Eringhem		2,80
Idem, pont en maçonnerie sur le Miettestraete		2,50
Idem, pont en maçonnerie sur le Nieuwlantstraete. . . .		2,50

NUMÉROS.	DESCRIPTION DES PONTS	Largeur du passage.
		Mètres
	Sur l'Ouverdick 13, pont en maçonnerie sur la rue de Nouvelly.	2,00
	Sur le Schardauwgrach 14, pont en maçonnerie et tablier en bois à 622 mètres du chemin Nouvelly	1,50
	Idem, pont en maçonnerie sur le Loodickstraete.	2,70
	Idem, pont en maçonnerie sur le chemin qui longe le Gauwbecque.	1,50
	Idem, pont en maçonnerie sur le Herstraete	2,70
	Sur le Laudsdick 16, pont en maçonnerie sur le Herstraete	0,50
	Idem, pont en maçonnerie sur le Loodickstraete.	3,00
	Idem, pont en maçonnerie sur le Nieuwstraete	2,70
	Idem, pont en briques avec tablier en bois dit pont du Petit-Pierster.	1,50
	Sur le Gauwbecque 17, pont en maçonnerie tenant à l'écluse n° 17	0,60
	Sur le Kerkhofgracht 18, pont en maçonnerie à 40 mètres de la naissance du watergand	1,10
	Idem, pont en maçonnerie sur le chemin des Morts. . . .	1,00
	Sur le canal de Drincham 21, pont avec tablier en bois à environ 400 mètres du canal de Pitgam	2,70
	Sur le canal de Pitgam 22, pont en maçonnerie sur le chemin des Templiers.	1,00
	Idem, pont en maçonnerie sur l'Oeststraete.	1,00
	Idem, pont en maçonnerie avec tablier en bois à environ 200 mètres du précédent	2,60
	Idem, pont en maçonnerie avec tablier en bois à 800 mètres du précédent.	2,60
	Idem, pont en maçonnerie avec tablier en bois sur le Groenestraete	2,60
	Sur le Wulvegracht 23, pont en maçonnerie de briques sur le Wulverstraete	0,60
	Sur l'Houde-Gracht 24, pont avec tablier en bois sur le Cappelstraete.	3,00
	Idem, pont en maçonnerie sur le Stalenbrugghestraete. .	1,00
	Idem, idem sur le Zandtstraete.	1,50
	Idem, idem sur le Wlaminckstraete . . .	1,40
	Idem, idem à 495 mètres du précédent . .	1.00
	Idem, idem sur le chemin du Grand-Mille-bruggbe.	1,80
	Idem, idem sur le Steenstraete.	1,50
	Idem, idem sur le Kaeistraete	2,30
	Idem, idem sur le chemin Vert	1,80

NUMÉROS.	DESCRIPTION DES PONTS.	Largeur du passage.
	Sur l'Houde-Gracht 24, pont en maçonnerie sur le chemin du Petit-Millebrugghe	Mètres 2,60
	Sur l'Hout-Gracht 27, pont en maçonnerie sur le Cappel-straete	2,30
	Idem, pont en maçonnerie sur le Kilmaersbrugghestraete.	2,30
	Idem, pont en maçonnerie sur le Klyttestraete	2,30
	Idem, pont en maçonnerie sur le Wlaminckstraete. . . .	2,30
	Idem, pont en maçonnerie sur le Pootersbrugghestraete. .	2,30
	Idem, pont en maçonnerie sur le Steenstraete.	2,30
	Idem, pont en maçonnerie sur le chemin du Grand-Mille-brugghe.	2,30
	Idem, pont en maçonnerie sur le Kaiestraete	2,30
	Idem, pont en maçonnerie à la jonction des chemins du Petit-Millebrugghe et de Steene	2,30
	Sur l'Escou-Gracht 28, pont en maçonnerie au débouché du watergand dans l'Hout-Gracht	1,00
	Sur le Verlorencoost 29, pont en maçonnerie au débouché du watergand dans l'Hout-Gracht	1,00
	Sur le Biernedick 30, pont en maçonnerie à la jonction du watergand avec la bèque de Sox	1,00
	Idem, pont en maçonnerie sur le chemin du Grand-Mille-brugghe.	2,30
	Idem, pont en maçonnerie à 126 mètres du chemin du Grand-Millebrugghe	1,70

ARTICLE 6.

NUMÉROS	DESCRIPTION DES AQUÉDUCS.	LARGEUR.

ARTICLE 7.

NUMÉROS	DESCRIPTION DES PASSERELLES.	LARGEUR.

ARTICLE 8.

NUMÉROS.	DESCRIPTION DES SIPHONS.	LARGEUR.

CHAPITRE IX.

4e section des Wateringues.

Elle comprend le territoire enfermé par la route impériale n° 17, le canal de Bergues à Dunkerque, la mer, la frontière de la Belgique et le chemin de Loo, qui forme la limite des terres hautes de l'arrondissement du côté Sud.

Sa superficie est de 10,884 hectares.

ARTICLE 1er.

Administration.

NOMS.	DEMEURES.	FONCTIONS.	DIVISIONS.	OBSERVATIONS
Lemaire ✳.	Dunkerque.	Président.	2	
Féron ✳.	Id.	Administratr.	1	
Deblock.	Bergues.	Id.	3	
Vandewalle.	Dunkerque.	Id.	4	
Verleye, Louis.	Hondschoote	Id.	5	
Debaecque, Louis.	Bergues.	Percepteur.		
Durand ✳.	Dunkerque.	Conducteur.		
Minne.	Id.	Secrétaire.		
Porette.	Coudekerque.	Garde.		

ARTICLE 2.

Tableau *indiquant les cotisations, le nombre des watergands, leurs longueurs et largeurs, écluses, ponts, aqueducs, passerelles et siphons.*

DATES.	COTISATION par Hectare.	WATERGANDS et CANAUX.	LONGUEUR totale.	ÉCLUSES.	PONTS.	AQUEDUCS.	PASSERELLES.	SIPHONS.
1825. Janvier. .	3,50	62	122,490^m	49	42	92	20	
1855	4,00			2				
1856	3,50			3				
1857				2				
1858	3,00			4		1		
1859				2				3

ARTICLE 3.

Nomenclature *descriptive de tous les canaux, watergands et fossés d'écoulement, avec indication des longueurs et largeurs.*

Les canaux et watergands des Grandes-Moëres, des Petites-Moëres et ceux sur la commune de Zuydcoote, ne sont pas compris dans la nomenclature qui suit; les Moëres sont administrées par une commission particulière, et la commune de Zuydcoote est exonérée des Wateringues sur tout son territoire.

NUMÉROS.	DESCRIPTION DES WATERGANDS.	LARGEUR au fond.	LARGEUR aux crêtes.	LONGUEUR.
		Mètres	Mètres	Mètres
	Canal des Moëres, des Grandes-Moëres au sas octogone à Dunkerque, du sas octogone à la Petite-Moëre . . . . 8,654m. Des Petites-Moëres aux Grandes. . 3,500m			12,154
	Canal du Bernardsleet, du canal des Moëres au canal de Borgues; ce canal est porté pour mémoire; il appartient aux Ponts et Chaussées et est entretenu par cette administration			1675
1	Fossé du Rosendael, au nord du canal de Furnes, commence au chemin du Rosendael jusqu'au canal de Furnes	1,40	3,60	284
2	Fossé de dessèchement des dunes au canal de Furnes	1,20	3,60	574
3	Idem des dunes au canal de Furnes	1,40	3,60	647
4	Idem des dunes au canal de Furnes	1,40	3,60	673
5	Idem des dunes au canal de Furnes. . . .	1,40	3,60	710
6	Idem des dunes au canal de Furnes. . . .	1,40	3,60	725
7	Idem des dunes au canal de Furnes. . . .	1,60	4,00	1058
8	Zeegracht, au nord du canal de Furnes, des dunes au canal	1,60	4,00	964
9	Duneleet, au nord du canal de Furnes, des dunes au canal	1,60	4,00	1,064
10	Branche idem, au nord du canal de Furnes, du Duneleet au canal	1,60	4,00	278
11	Houdehave, séparation de Zuydcoote à l'ouest, des dunes au canal de Furnes	1,60	4,00	640
12	Séparation de Zuydcoote à l'Est, des dunes au canal de Furnes.	1,60	4,00	860
13	Petit-Mardick, au nord du canal de Furnes, des dunes au canal	1,60	4,00	992
14	Grand-Mardick, servant de limite entre la France et la Belgique, des dunes au canal de Furnes.	2,00	5,00	720

NUMÉROS.	DESCRIPTION DES WATERGANDS.	LARGEUR au fond.	LARGEUR aux crêtes.	LONGUEUR.
		Mètres	Mètres	Mètres.
15	Zilague commence au Verlorencoost de la 2e section jusqu'aux fortifications de Dunkerque; la partie de ce watergand qui se trouve à l'ouest du canal de Bergues et qui le longe est entretenue par la 4e section ; à l'Est du même canal, ce watergand est entretenu par les Wateringues sur une longueur de 843 mètres; le reste, jusqu'aux fortifications, excepté l'éclusette, est à la charge de la ville de Dunkerque, ainsi que la buse qui traverse la fortification.	1,60	4,00	843
16	Repdick au nord du canal du Bernardsleet, commence près d'une ferme jusqu'au canal du Bernardsleet	1,60	4,00	1350
17	Watergand de Coudekerque, du canal de Bergues au canal des Moëres ; Du canal de Bergues au Gd-Heyleet. 2,403m Du Gd-Heyleet au canal des Moëres. 2,760m	2,00	5,00	5163
18	Branche idem, allant vers le fort Louis, commence au chemin de la Chapelle jusqu'au watergand de Coudekerque	1,60	4,00	900
19	Branche idem, allant vers les glacis de Bergues, du pavé au watergand de Coudekerque . .	1,60	4,00	625
20	Watergand nouvellement ouvert, du watergand de Coudekerque au Grand-Heyleet	1,60	4,00	868
21	Grand-Heyleet, du watergand de Coudekerque au canal de la Basse-Colme, contre le fort Lapin, à Bergues	1,70	4,50	3612
22	Petit-Heyleet, du Grand-Heyleet à la Basse-Colme, en passant à travers les jardins . .	1,65	4,25	3686
23	Watergand de la Chapelle ou nouveau de Coudekerque, du watergand de Coudekerque au canal des Moëres	1,50	3,90	2672
24	Leedick ou watergand du Milieu commence près du fort de Leffrinckhoucke jusqu'au canal des Moëres.	1,60	4,00	5568
25	Branche du Leedick commence au sud du canal de Furnes jusqu'au Leedick	1,60	4,00	1440
26	Branche de Leedick, du chemin de Teteghem à la branche ci-dessus	1,40	3,80	300
27	Snackdick, en deux parties, la 1re du Petit-Heyleet au canal des Moëres . . . 4,107m La 2e du Leedick au canal des Moëres 4,064m	1,60	4,00	7171

NUMÉROS.	DESCRIPTION DES WATERGANDS.	LARGEUR		LONGUEUR.
		au fond.	aux crêtes.	
		Mètres	Mètres	Mètres
28	Quequebeck, du Snackdick au Zeegracht en passant contre le magasin.	1,60	4,00	2008
29	Zeegracht, du canal de la Basse-Colme au canal des Moëres	5,00	14,00	3542
30	Branche de Zeegracht, du chemin la Steenstraete au Zeegracht.	1,60	4,00	309
31	Duneleet, de la digue sud du canal de Furnes au canal des Moëres près du pont à Charrette.	1,60	4,20	3841
32	Zeegracht, branche de Duneleet, du canal de Furnes au Duneleet	1,60	4,00	2086
33	Ancien canal des Chats commence près du canal des Moëres, rive sud, jusqu'au Zeegracht	1,60	4,00	850
34	Stinckaert, du Zeegracht près du canal des Glaises au canal des Moëres, près de la machine à feu.	3,00	9,00	1706
35	Canal de la digue des Glaises, du Ringsloot de la Grande-Moëre au Zeegracht près le Stinckaert.	4,00	10,00	5603
36	Ringsloot de la Petite-Moëre, du canal des Glaises au Stinckaert, près de la machine à feu.	3,00	9,00	1610
37	Blockensleet, du canal de la Basse-Colme au canal des Glaises	1,60	4,00	894
38	Canal des Chats, du Ringsloot de la Grande-Moëre au canal des Moëres	4,00	12,00	6030
39	Moëre-Mansleet, du canal des Moëres en face de la Petite-Moëre au canal des Chats . . .	1,60	4,00	794
40	Wliderleet, du chemin Coquinestraete près de Leffrinckhoucke au canal des Chats . . .	1,60	4,00	3221
41	Moldick, de la Courtepaille au canal des Chats.	1,60	4,00	1274
42	Courtepaille, du Ringsloot de la Grande-Moëre au canal des Moëres en face des Petites-Moëres	1,70	4,50	2030
43	Cligat-Waert, du pont sur la drève anglaise contre les Grandes-Moëres jusqu'au canal des Moëres contre la Petite-Moëre . . .	4,00	10,00	1020
44	Swanleet, du Gaersleet au canal des Chats.	1,60	4,00	1558
45	Gaersleet commence près le canal de Furnes jusqu'au Ringsloot de la Grande-Moëre. 1re partie au nord du canal des Chats 5,100m 2e partie au sud id. 1,400m	1,70	4,40	6500
46	Houdehave, de la digue sud du canal de Furnes au canal des Chats	1,60	4,30	3484

NUMÉROS.	DESCRIPTION DES WATERGANDS.	LARGEUR		LONGUEUR.
		au fond.	aux crêtes.	
		Mètres	Mètres	Mètres
47	Moëreleet, de la limite de la frontière belge au canal des Chats en 2 parties : 1° Partie longeant la route de Furnes 4,435m 2° Du canal de Furnes au canal des Chats 3,893m	1,60	4,40	8328
48	Jonckeleet, commence un peu à l'est de Ghyvelde jusqu'au Moërelet.	1,60	4,00	2270
49	Verlorencoost commence au chemin de la plaine contre les dunes de Ghyvelde jusqu'au Moërelet contre le canal de Furnes	1,60	4,00	586
50	Ringsloot, de la Grande-Moëre à la charge des Wateringues, à partir de la frontière belge jusqu'au canal des Chats	3,00	9,00	1648
51	Schelvliet commence au chemin de Loo jusqu'aux avant-fossés de la fortification de Bergues, près de la porte de Cassel.	1,80	5,00	3590
52	Branche du Schelvliet, du chemin de Loo au Schelvliet	1,60	4,00	1200
53	Becque de Warhem, de Warhem au canal de la Basse-Colme.	1,80	5,00	1410
54	Becque de Killem, du chemin de Loo au canal de la Basse-Colme.	1,80	5,00	2970
55	1re branche de Killem, dite Floresbecque, du chemin de Loo à la becque de Killem . . .	1,60	4,00	2660
56	2e branche de Killem commence au chemin de Loo à la becque de Killem	1,60	4,00	1604
57	3e branche de Killem commence au chemin de Loo à la becque de Killem	1,50	3,80	315
58	4e branche de Killem commence au chemin de Loo et se jette dans la 2e branche.	1,50	3,80	325
59	Papedick commence à la digue Ouest de la becque d'Hondschoote et se jette dans la becque de Killem	1,60	4,00	983
60	Houdegracht servant de limite entre la France et la Belgique, depuis la limite à l'est de la ville d'Hondschoote jusqu'au canal de la Basse-Colme.	1,85	5,00	1854

ARTICLE 4.

NUMÉROS.	DESCRIPTION DES ÉCLUSES.	LARGEUR	COTES des radiers
		Mètres	Mètres
1	Sur le fossé n° 7 du Rosendael, éclusette avec aqué-duc en maçonnerie contre le canal de Furnes . .	0,70	3,24
2	Sur le Zeegracht 8, au nord du canal de Furnes, éclusette avec aqueduc en maçonnerie contre le canal de Furnes	0,60	
3	Sur le Duneleet 9, au nord du canal de Furnes, éclu-sette avec aqueduc eu maçonnerie contre la digue nord du canal de Furnes.		
17	Sur le watergand de Coudekerque 17, écluse avec pont en maçonnerie et porte busquée débouchant dans le canal de Bergues dit Wayenburgspye . .	3,20	1,14
16	Idem, éclusette simple en maçonnerie au débouché du watergand, dans le canal des Moëres à Steendam.	2,30	
18	Idem, branche 19, éclusette avec aqueduc en ma-çonnerie sous le pavé du chemin de Coudekerque près des glacis de Bergues.	0,50	
19	Sur le Grand-Heyleet 21, éclusette simple en maçon-nerie contre le fort Lapin, à Bergues.	0,86	
20	Sur le Petit-Heyleet 22, éclusette simple en maçon-nerie à 753 mètres de la Basse-Colme, extrémité des jardins de Hoymille.	1,15	1,50
49	Sur la Leedick 24, barrage mobile contre un pont de ferme de M. Deherrypon, en maçonnerie, pour irri-gation		
9	Sur le Snackdick 27, éclusette simple en maçonnerie au chemin de Teteghem, contre la ferme de M. Lemaire	1,05	
10	Idem branche, éclusette avec aqueduc en maçon-nerie sous la Steenstraete, au nord de Teteghem .	0,60	
23	Sur le Zeegracht 29, éclusette simple en maçonnerie à 400 mètres de la Basse-Colme, près du moulin Beintismeulen.	1,10	0,90
11	Sur le Duneleet 31, éclusette avec pont en maçon-nerie au chemin Cocquinestraete, près de Leffrinck-houcke.		
34 bis	Sur la branche 32, barrage mobile en maçonnerie au chemin Claperdickstraete	0,78	
25	Sur le Blockensleet 37, éclusette avec pont en ma-çonnerie contre la Basse-Colme, rive nord . . .	0,83	1,44
50	Idem, éclusette simple en maçonnerie au débouché du watergand dans le canal des Glaises, construite en 1858	0,60	0,40

NUMÉROS.	DESCRIPTION DES ÉCLUSES.	LARGEUR.	COTES des radiers
		Mètres	Mètres
48	Sur le Moëremansleet 39, éclusette simple en maçonrie, à son débouché dans le canal des Chats. . .	1,30	0,40
12	Sur le Wliderleet 40, éclusette avec aquéduc en maçonnerie contre le chemin Wlieterstraete près d'Uxem	0,72	
13	Idem, éclusette simple en maçonnerie dans les terres, à 00 mètres, au Nord de la précédente.	0,62	
14	Sur l'Houdehave 46, barrage mobile en maçonnerie contre le pont au chemin Wlieterstraete.	2,10	
15	Idem, barrage mobile en maçonnerie sur le chemin Claperdickstraete	1,66	
4	Sur le Moëreleet, éclusette avec aquéduc en maçonnerie au chemin des Lignes près de la Douane sous la digue du canal de Furnes	0,50	
5	Idem, éclusette avec aquéduc en maçonnerie à l'Est de la précédente sous la route de Furnes	0,50	
6	Idem, éclusette avec aquéduc en maçonnerie à l'Est de la précédente sous la route de Furnes.		
7	Idem, éclusette simple en maçonnerie de briques à l'extrémité du watergand contre la frontière belge.		
31	Idem, éclusette simple en maçonnerie au débouché du watergand dans le canal des Chats.		
8	Sur le Jonckeleet 48, éclusette avec aquéduc en maçonnerie de briques au chemin Jonckestraete . .	0,79	
45	Sur le Schelvliet 51, écluse en maçonnerie au débouché du watergand dans les fortifications de Bergues, près de la porte de Cassel	2,00	
46	Idem, barrage mobile en maçonnerie contre un pont appartenant à la ferme occupée par le Sr Vandael .	1,56	
47	Idem, barrage mobile avec pont en maçonnerie au chemin des Pêcheurs.	2,10	
37	Sur la becque de Warhem 53, éclusette avec pont en maçonnerie au débouché du watergand dans la Basse Colme	2,25	
39	Sur la becque de Killem 54, écluse avec pont en maçonnerie au débouché de la becque dans la Basse Colme.	2,78	
40	Idem, éclusette avec aquéduc en maçonnerie à environ 100 mètres de la précédente sur la rive Est .	0,60	
41	Idem, éclusette avec aquéduc en maçonnerie au Sud de la précédente sur la même rive.	0,70	
42	Idem, éclusette avec aquéduc en maçonnerie au Sud de la précédente en face de la 1re branche, sur la rive Est	0,70	

NUMÉROS.	DESCRIPTION DES ECLUSES.	LARGEUR.	COTES des radiers
43	Sur un fossé particulier, éclusette simple en maçonnerie sur la rive Est de la becque d'Hondschoote .	Mètres 0,78	
21	Contre la Basse-Colme, éclusette simple en maçonnerie sur un fossé particulier du jardin Lordé, rive Nord	0,60	
22	Idem, éclusette simple en maçonnerie sur la rive Nord, contre le jardin du sieur Bécard	0,70	
24	Idem, éclusette avec aquéduc en maçonnerie sur la rive Nord, contre la ferme du sieur Weymaert. .	0,48	
26	Contre la Basse-Colme, rive Nord, éclusette avec aquéduc en bois du débouché d'un fossé dit Ostendick.		
27	Sur le Cappel-Waert, éclusette en maçonnerie au débouché du watergand dans le Ringsloot de la Grande-Moëre.	0,75	
28	Contre la drève anglaise, éclusette avec aquéduc en maçonnerie sur un fossé près du débouché dans le canal des Glaises.	0,72	
29	Idem, éclusette avec aquéduc en maçonnerie sur un fossé débouchant dans le canal des Glaises en face et du côté Est de la précédente	0,72	
30	Sur un fossé d'écoulement, éclusette simple en maçonnerie, débouchant dans le Ringsloot des Petites-Moëres et à l'Est	0,84	
32	Contre la chaussée d'Hondschoote, éclusette avec aquéduc en maçonnerie à environ 150 mètres à l'Est du pont de Secline, sur un fossé particulier .	0,38	
33	Idem, éclusette avec aquéduc en maçonnerie à environ 300 mètres à l'Est de la précédente sur un fossé particulier.	1,20	
34	Idem, éclusette avec aquéduc en maçonnerie à environ 400 mètres à l'Est de la précédente sur un fossé particulier	1,50	
35	Idem, éclusette avec aquéduc en maçonnerie près du chemin de la Ruelle sur un fossé particulier. . .	0,80	
36	Idem, éclusette avec aquéduc en maçonnerie près du chemin Groenstraete en face de la ferme Weymaert.	0,65	
38	Idem, éclusette avec aquéduc en maçonnerie à environ 300 mètres à l'Ouest du pont du Grand-Millebrugghe	0,57	
44	Sur un fossé particulier, éclusette avec aquéduc en maçonnerie au chemin dit la Brouckstraete, près de la frontière belge	1,36	

NUMÉROS.	DESCRIPTION DES ÉCLUSES.	LARGEUR.	COTES des radiers
A	Fortifications de Bergues, écluse avec pont en maçonnerie sur les avant-fossés débouchant dans le canal de Bergues, en face du cimetière.	Mètres 3,00	Mètres
B	Idem, écluse avec pont en maçonnerie et garde-corps en fer sur les avant-fossés débouchant dans la Basse Colme, sur le chemin de Coudekerque .	3,00	
53	Quequebeck, éclusette en maçonnerie au débouché du Quequebeck, dans le Zeegracht.	1,00	0,40

ARTICLE 5.

NUMÉROS.	DESCRIPTION DES PONTS.	Largeur du passage.
	NOTA. Les ponts éclusés ayant été désignés dans la nomenclature des écluses, ne seront pas rapportés dans cette description,	
1	Sur le Moëreleet 47, pont en maçonnerie au chemin des Lignes, contre la chaussée de Furnes, près de la douane.	Mètres 1,03
2	Idem, pont en maçonnerie au chemin Jonckestraete, contre la chaussée de Furnes	1,30
3	Idem, pont en maçonnerie contre le chemin Claperdickstraete.	1,50
4	Idem, pont en maçonnerie au chemin du Moulin. . . .	1,52
5	Idem, idem au chemin Vlieterstraete. . .	2,50
6	Sur le canal des Moëres, pont en maçonnerie à deux passages dit de Steendam, avec garde-corps en fer. . . .	
7	Idem, petit pont en bois avec culée en maçonnerie, en face de Teteghem, avec garde-corps en bois	13,10
8	Idem, pont avec culées en maçonnerie et tablier en bois, garde-corps en fer, à la Steenstraete, dit pont à Cochons.	8,20
9	Idem, pont avec culées en maçonnerie et tablier en bois, avec garde-corps en fer, au chemin Vlieterstraete, dit pont à Charrettes.	9,00
10	Sur le Leedick 24, pont en maçonnerie de briques sur le chemin de Teteghem, formant limite de la commune. .	1,05
11	Sur le Snackdick, pont en maçonnerie de briques sur le chemin Vicherstraete, au nord de Teteghem	1,20
12	Sur le Duneleet, pont en maçonnerie de briques contre le chemin Vlieterstraete, près du pont à Charrettes.	1,60
12 bis	Sur le Gaersleet, pont en maçonnerie de briques sous le Vlietterstraete, dit pont des Quatre-Membres.	
13	Sur le Bernardsleet, pont avec culées en maçonnerie, tablier en bois avec garde-corps en bois, dit Bourenhoove	4,10
14	Sur le watergand de Coudekerque, pont en maçonnerie contre le chemin de Coudekerque à Steendam, à l'embranchement du chemin du fort Français	2,20
15	Idem, pont en maçonnerie contre le chemin de Coudekerque à Steendam, au chemin de la Chapelle	2,10
16	Sur le Grand-Heyleet, pont en maçonnerie de briques sous le chemin de Coudekerque à l'entrée sud du village, avec garde-corps en fer	2,00
17	Sur la branche n° 19 du watergand de Coudekerque, pont	

NUMÉROS.	DESCRIPTION DES PONTS.	Largeur du passage.
	en maçonnerie avec garde-corps en fer au débouché de la branche dans le watergand.	Mètres 3,40
18	Sur le Grand-Heylect, pont en maçonnerie de briques au chemin du Moulin, à l'est de Coudekerque.	2,00
19	Sur idem, pont en maçonnerie au chemin Puydhonck-stracte, au sud du précédent	1,45
20	Sur le Quequebeck, pont en maçonnerie au chemin Cap-pellestraete	1,40
21	Sur le Snackdick, pont en maçonnerie sur le chemin de la Chapelle, près de la ferme Bigorgne	1,12
22	Sur idem, pont en maçonnerie sur le chemin Donnker-straete, près de la ferme d'Hallewin	1,13
23	Sur le Zeegracht, pont en maçonnerie avec garde-corps en pierre au débouché du watergand dans le canal des Moëres, près du pont à Charrettes	5,68
24	Sur le Stinckaert, pont en maçonnerie avec garde-corps en pierre au débouché du watergand dans le canal des Moëres, près des Petites-Moëres	3,34
25	Sur le canal des Glaises, pont entièrement en bois avec garde-corps en fer et montants en bois, derrière la ferme de M. Weymaert.	5,80
26	Sur idem, pont entièrement en bois avec garde-corps en fer, sur le chemin qui conduit aux Petites-Moëres, en face du pont de Millebrnggeh.	5,80
27	Sur idem, pont en maçonnerie avec garde-corps en pierre sur la drève anglaise, en face de Paukenswerf	4,20
28	Sur le canal des Chats, pont en maçonnerie avec garde-corps en fer, au chemin qui se dirige de la place d'Uxen vers les Petites-Moëres	4,80
29	Sur idem, pont en maçonnerie avec garde-corps en fer, sur le chemin des Crapauds, se dirigeant vers les Gran-des-Moëres.	4,25
30	Sur la Courtepaille, pont en maçonnerie sur le chemin des Crapauds, près des Grandes-Moëres	1,54
31	Sur idem, pont en maçonnerie dans les pâturages, vers les Petites-Moëres	1,40
32	Sur l'Houdegracht, pont en maçonnerie dit des Trois-Rois, limitant la frontière belge au chemin Brouckstraete. .	2,90
33	Sur idem, pont en maçonnerie dit Pont-Gréat, à la limite belge, sur le chemin Beurnestraete.	1,55
34	Sur la becque de Killem, pont en maçonnerie sur la pre-mière branche de la becque au chemin de la Drève anglaise	1,50

NUMÉROS.	DESCRIPTION DES PONTS.	Largeur du passage.
		Mètres
35	Sur un coulant d'eau, pont en maçonnerie sur le chemin conduisant à Killem-Lynde.	0,62
36	Sur idem, pont en maçonnerie au chemin de St-Winoc, à l'ouest d'Hondschoote.	0,70
37	Sur la becque de Killem, deuxième branche, pont en maçonnerie à la drève des Moëres	1,10
38	Sur un coulant d'eau, pont en maçonnerie au chemin du Grand-Millebrugghe, près du chemin de Loo	1,12
39	Sur idem, pont en maçonnerie au chemin Steen-Wey, près du chemin de Millebrugghe, à l'ouest.	1,32
40	Sur le même idem, pont en maçonnerie au chemin Poete-Meulenstraete	1,04
41	Sur le même idem, pont en maçonnerie sur le chemin Cappellestraete	1,72
42	Sur le Schelvliet, pont en maçonnerie au chemin dit la Steenstraete, près du chemin de Loo.	1,55

ARTICLE 6.

NUMÉROS.	DESCRIPTION DES AQUEDUCS.	LARGEUR.
	NOTA. — Les aqueducs éclusés ayant été désignés dans la nomenclature des écluses ne seront pas rapportés dans cette description.	
1	Sur un courant d'eau, aquéduc en maçonnerie débouchant dans le canal des Moëres, rive Ouest, contre les fortifications de Dunkerque	Mètres 0,60
2	Sur le fossé n° 1 du Rosendael, aquéduc en maçonnerie débouchant dans le canal de Furnes sur la rive Nord . .	0,65
3	Sur le fossé n° 2 du Rosendael, aquéduc en maçonnerie débouchant dans le canal de Furnes sur la rive Nord. . .	0,61
4	Sur idem, aquéduc en maçonnerie sous le chemin du Rosendael	0,66
5	Sur le fossé n° 3, aquéduc en maçonnerie débouchant dans le canal de Furnes sous la rive Nord.	0,60
6	Sur idem, aquéduc en maçonnerie sous le chemin du Rosendael	0,63
7	Sur le fossé n° 4, aquéduc en maçonnerie débouchant dans le canal de Furnes, sous la digue nord.	0,62
8	Sur idem, aquéduc en maçonnerie sous le chemin du Rosendael	0,67
9	Sur le fossé n° 5, aquéduc en maçonnerie débouchant dans le canal de Furnes, sous la digue nord	0,60
10	Sur idem, aquéduc en maçonnerie au chemin Soultstraete.	0,70
11	Sur le fossé n° 6, aquéduc en maçonnerie débouchant dans le canal de Furnes, sous la digue nord	0,60
12	Sur idem, aquéduc en maçonnerie au chemin Soultstraete.	0,70
13	Sur le fossé n° 6, aquéduc en maçonnerie au chemin du Rosendael	0,68
14	Sur les anciennes fortifications, aquéduc en maçonnerie débouchant dans le canal de Furnes, sous la digue nord .	0,50
15	Idem, aquéduc en maçonnerie sous le chemin Soultstraete.	0,80
16	Idem, aquéduc en maçonnerie sous le chemin qui conduit à la Tente-Verte	0,65
17	Idem, aquéduc en maçonnerie de briques au chemin contre la Tente-Verte	0,60
18	Sur le fossé n° 7, aquéduc en maçonnerie sous le chemin contre les dunes nouvellement mis en gravier.	0,65
19	Sur un coulant d'eau, aquéduc en maçonnerie sous le chemin Claperdickstraete, près du chemin du Moulin . . .	0,30

NUMÉROS.	DESCRIPTION DES AQUEDUCS.	LARGEUR.
20	Sur le Jonckeleet, aquéduc en maçonnerie sous le chemin des Lignes, à l'entrée nord de Ghyvelde	Mètres 0,38
21	Sur un courant d'eau, aquéduc en maçonnerie sous le chemin Vlieterstraete, à environ 500 mètres à l'est du chemin le Jonckestraste	0,40
22	Sous le chemin de Steendam, aquéduc en maçonnerie sur un coulant d'eau passant près de la maison communale de Coudekerque-Branche, débouchant dans le canal des Moëres.	0,70
23	Idem, aquéduc en maçonnerie sur un coulant d'eau près d'une ancienne briqueterie, débouchant dans le canal des Moëres	0,70
24	Idem, aquéduc en maçonnerie sur un coulant d'eau débouchant dans le canal des Moëres, en aval du pont de Steendam	0,40
25	Sur le Leedick, aquéduc en maçonnerie sur le chemin Vicherstraete, vers la route de Furnes.	0,99
26	Idem, aquéduc en maçonnerie sous la Steenstraete, contre la ferme de M. A. Lemaire	0,98
27	Sur le Snackdick, aquéduc en maçonnerie dans les terres près d'un embranchement se dirigeant vers la Steenstraete.	1,00
28	Idem, aquéduc en maçonnerie sur l'embranchement et contre le précédent	0,43
29	Idem, aquéduc en maçonnerie sur l'embranchement à l'endroit où il passe sous la Steenstraete	0,80
30	Contre la Steenstraete, aquéduc en maçonnerie à l'embranchement du chemin Cocquinestraete	0,58
31	Contre la Steenstraete, aquéduc en maçonnerie à l'embranchement que fait un chemin de terre, en face de Teteghem.	0,40
32	Idem, aquéduc en maçonnerie à l'embranchement du chemin qui conduit à la place de Teteghem, en face de l'Omnibus.	0,40
33	Sur le Duneleet, aquéduc en maçonnerie sous le chemin Claperdickstraete, près de Leffrinckhoucke.	0,70
35	Sur le Gaersleet, aquéduc en maçonnerie sous le chemin Claperdickstraete, près de la ferme Hoogmoote	0,80
36	Sur le Vliderleet, aquéduc en maçonnerie sous le chemin Heestraete, au nord d'Uxem	0,60
37	Sous le Vlieterstraete, aquéduc en maçonnerie sur un coulant d'eau particulier, près du moulin, à l'Est d'Uxem.	0,32
38	Sur le Swanleet, aquéduc en maçonnerie sous le chemin Vlieterstraete.	0,80

NUMÉROS.	DESCRIPTION DES AQUEDUCS.	LARGEUR.
		Mètres
40	Sous le chemin Crayestraete, aqueduc en maçonnerie sous le chemin Crayestraete, contre le Vlieterstraete	0,30
41	Contre la Steenstraete, aqueduc en tuyau de ciment de Boulogne à l'embranchement d'un chemin qui conduit à Vicherstraete.	0,25
42	Sous la Steenstraete, aqueduc en maçonnerie sur un coulant d'eau en face du canal des Glaises.	0,30
43	Idem, aqueduc en maçonnerie sur le Repdick communiquant avec le Zeegracht	0,60
44	Contre la Steenstraete, busc en bois, à l'embranchement du chemin du Moulin, près du pont à Cochons	0,45
45	Contre la Steenstraete, aqueduc en maçonnerie débouchant dans le canal des Moëres à l'Est du pont à Cochons . .	0,30
46	Idem, aqueduc en maçonnerie débouchant dans le canal des Moëres à l'Ouest du pont à Cochons	0,50
47	Sous le chemin Vicherstraete, aqueduc en maçonnerie sous le chemin Vicherstraete ou de la Chapelle des Neiges. .	0,85
48	Sous le Quequebeck, aqueduc en maçonnerie sous la Steenstraete contre le magasin de la Section.	0,42
49	Sur le Snaedick, aqueduc en maçonnerie sous le chemin du Moulin de Coudekerque	1,00
50	Sur le watergand de la Chapelle, aqueduc en tuyaux de ciment de Boulogne, contre le chemin du Moulin	0,25
51	Idem, aqueduc en maçonnerie sous le chemin Doukerstraete, en face de la barrière du sieur Lelieau	0,76
52	Idem, aqueduc en maçonnerie sous le même chemin à environ 100 mètres du précédent	0,72
53	Sous le chemin de Coudekerque, aqueduc en maçonnerie près et au Sud du pont de Steendam, débouchant dans le watergand de Coudekerque.	0,48
54	Idem, aqueduc en maçonnerie vis à vis la ferme de Maegdelotede, débouchant dans le watergand.	0,45
55	Idem, aqueduc en maçonnerie contre le chemin Doukerstraete, débouchant dans ce watergand.	0,20
56	Sous le chemin de Coudekerque, aqueduc en maçonnerie au débouché du watergand de la Chapelle dans le watergand de Coudekerque	0,70
57	Idem, aqueduc en maçonnerie près du chemin du fort Français, débouchant dans le watergand.	0,44
58	Idem, aqueduc en maçonnerie débouchant dans le watergand en face de la ferme Wayenburspye.	0,78
59	Sous la chaussée d'Hondschoote, aqueduc en maçonnerie en face de la route d'Ypres, débouchant dans le canal. .	0,58

NUMÉROS.	DESCRIPTION DES AQUEDUCS.	LARGEUR
		Mètres
60	Idem, aqueduc en maçonnerie à l'Est du précédent. . . .	0,80
61	Idem, aqueduc en maçonnerie à l'Est du précédent et à l'Ouest du pont de Sicline.	0,55
62	Idem, aqueduc en maçonnerie à l'Ouest du pont de Beentismeulen, débouchant dans le canal	0,83
63	Idem, aqueduc en maçonnerie à l'Est du pont de Beentismeulen, débouchant dans le canal	1,00
64	Idem, aqueduc en maçonnerie à l'Ouest du pont du Millebrugghe, débouchant dans le canal	0,56
65	Idem, aqueduc en maçonnerie à l'Est du pont du Millebrugghe, débouchant dans le canal	1,05
66	Idem, aqueduc en maçonnerie à l'Ouest du Peigne, débouchant dans le canal	0,40
67	Idem, aqueduc en maçonnerie à Est du Peigne, débouchant dans le canal.	0,70
68	Idem, aqueduc en maçonnerie à l'Est du précédent . . .	0,70
69	Idem, aqueduc en maçonnerie en face du Garengat, débouchant dans le canal.	1,72
70	Idem, aqueduc en maçonnerie à l'Est de la drève anglaise, débouchant dans le canal.	1,26
71	Idem, aqueduc en maçonnerie près du pont au Cerf, au lieu dit la Brouckstraete	1,00
72	Sous la chaussée d'Hondschoote, aqueduc en maçonnerie un peu à l'ouest du poste de la douane.	0,40
73	Idem, aqueduc en maçonnerie un peu à l'Est du poste de la douane, contre la barrière de la ferme de M. Vereuils, et traversant le chemin de terre la Brouckstraete. . .	1,15
74	Idem, aqueduc en maçonnerie au sud du précédent, en face du verger de la ferme Vereuils.	0,60
75	Idem, aqueduc en maçonnerie à environ 800 mètres au sud du précédent.	0,46
76	Idem, aqueduc en maçonnerie à l'entrée nord d'Hondschoote et contre le cimetière	0,40
77	Sous le chemin Hoyestraete, aqueduc en maçonnerie sur un coulant d'eau venant de l'aqueduc n° 76	0,80
78	Sous le chemin de Rousbrugghe, aqueduc en maçonnerie près de la fabrique de drains, vers le chemin de Loo . .	0,46
79	Sous le chemin de St-Winoc, aqueduc en maçonnerie sur la becque d'Hondschoote	0,93
80	Idem, aqueduc en maçonnerie près du chemin qui conduit à Killem-Lynde.	0,40
81	Idem, aqueduc en maçonnerie à l'extrémité de la becque de Killem, près du chemin de Loo.	0,65

NUMÉROS	DESCRIPTION DES AQUEDUCS.	LARGEUR
		Mètres
82	Sous le chemin des Harengs, aqueduc en maçonnerie près du moulin, à l'entrée ouest d'Hondschoote	0,76
83	Idem, aqueduc en maçonnerie à l'ouest du précédent, sur un coulant d'eau particulier	0,75
84	Sous la Drève anglaise, aqueduc en maçonnerie sur un coulant d'eau particulier	1,00
85	Sur la becque de Warhem, aqueduc en maçonnerie avec un garde-corps en fer appartenant à la commune	0,46
86	Sur idem, aqueduc en maçonnerie sous le chemin Steenwey, à la sortie Est de Warhem et passant sous les maisons, au nord du chemin	0,98
87	Sous le chemin au sud de Warhem, se dirigeant vers la route d'Ypres, aqueduc en maçonnerie venant déboucher dans le fossé du cimetière	
88	Sous le chemin de l'Eglise, aqueduc en maçonnerie à l'ouest du cabaret dit St-Joseph, contre le cimetière	
89	Sous la Steenstraete, aqueduc en maçonnerie dans la partie entre la chaussée d'Hondschoote et la chaussée d'Ypres, à environ 600 mètres de la Maison blanche.	0,58
90	Sous le chemin de Warhem, aqueduc en maçonnerie à environ 130 mètres à l'ouest de la Steenstraete	1,00
91	Idem, aqueduc en maçonnerie sur un coulant d'eau à l'Est de la Steenstraete.	0,27
92	Idem, aqueduc en maçonnerie sur un coulant d'eau à environ 200 mètres à l'ouest du chemin Groenestraete . .	0,70
93	Sous le chemin de Teteghem, aqueduc en maçonnerie à l'extrémité de la branche n° 26 du Leedick.	0,80

ARTICLE 7.

NUMÉROS	DESCRIPTION DES PASSERELLES.	LARGEUR.
	NOTA. — Les passerelles sont des petits pontceaux en bois, composés de deux chevalets, de culée, de deux forts madriers et d'un garde-corps pour l'usage des piétons.	
1	Sur le Petit-Mardick, au sud du canal de Furnes, près de la ferme de Lobé	
2	Sur le Moërleet, près de Zuydcoote, contre la route de Furnes	
3	Sur le Leedick, contre le chemin Vicherstraete, du côté Ouest	
4	Sur le Snackdick, contre le chemin Vicherstraete, du côté Est, près de Teteghem	
5	Sur le Duneleet, près de la branche, près et au sud de Leffrinckhoucke.	
6	Sur le Vliderleet, sur la branche à l'ouest du chemin Heestraete, au nord et près d'Uxem	
7	Sur l'Houdehave, au nord du chemin Vlieterstraete. . .	
8	Sur le Gaersleet, au nord du chemin Vlieterstraete. . .	
9	Sur le Snackdick, à son découché contre le canal des Moëres.	
10	Sur le watergand de la Chapelle, à son débouché contre le canal des Moëres	
11	Sur le Petit Heyleet, dans les jardins de Sicline, près de Bergues	
12	Sur l'ancien canal des Chats, à son débouché dans le watergand le Zeegracht	
13	Sur le ringsloot de la Petite-Moëre, à son débouché dans le canal des Glaises	
14	Sur le Sinekaert, à son débouché dans le Zeegracht. . .	
15	Sur la becque de Killem, à environ 200 mètres au sud du débouché de la deuxième branche	
16	Sua la deuxième branche idem, à environ 150 mètres à l'oust de la précédente passerelle	
17	Sur la première branche idem, à environ 430 mètres du débouché de la branche dans la becque. . . .	
18	Sur idem, à l'extrémité de la même branche contre le chemin de Loo	
19	Sur la branche du Schelwliet, dans les pâtures vers le chemin de Loo	
20	Sur le Snackdick, près de Teteghem, dans la pâture de la ferme de M. Lemaire.	

ARTICLE 8.

NUMÉROS	DESCRIPTION DES SIPHONS.	LARGEUR.
		Mètres
1	Sous la Basse-Colme, à l'Est de la becque de Killem . . .	0,40
2	Sous la becque d'Hondschoote, à 150 mètres environ de la chaussée	0,40
3	Sous la becque de Killem, entre les écluses 41 et 42 . . .	0,40

CHAPITRE X.

Distribution des Eaux douces à Dunkerque.

ARTICLE 1er.

Examen sur les moyens de se procurer des Eaux douces jaillissantes et filtrées.

Depuis très-longtemps on s'est occupé des eaux douces à Dunkerque; plusieurs projets, à des époques différentes, ont été présentés; le dernier date de 1856; depuis lors on n'en entend plus parler : cependant les deux années de sécheresse de 1857 et 1858, que nous venons de traverser, ont fait voir combien il était nécessaire d'arriver au plus tôt à la solution de cette importante question.

Ayant été mis sur cette voie par M. Auguste Petyt, lors de l'étude d'un chemin de fer qui devait relier Dunkerque à la Belgique, à travers les dunes, à l'Est de la place, j'ai reconnu la possibilité d'amener en ville les eaux renfermées dans le sol de ces mêmes dunes : dans ce même but, j'ai aussi fait d'autres recherches pour les eaux du canal de Bourbourg; le résultat de mes recherches a donné lieu à des observations que j'ai publiées dans le journal l'*Autorité* au commencement de 1859; ces observations, je les reproduis à la suite de ce mémoire, qui traite en général de toutes les eaux du pays, pour servir au besoin comme renseignements.

ARTICLE 2.

Entrée des Eaux du canal de Bourbourg dans Dunkerque pour son alimentation.

Il est inutile de revenir sur l'importance et sur l'utilité d'avoir des eaux douces, fraîches et abondantes à Dunkerque; le rapport fait au Conseil municipal par M. Cuel, lu et adopté dans les séances du 18 Août et du 6 Septembre 1856, l'a démontré d'une manière lucide et irrécusable; personne mieux que lui ne pouvait traiter cette haute question, et il serait superflu d'y ajouter un seul mot.

Dans ce rapport, il est reconnu que les eaux de l'Aa sont excellentes sous le rapport de l'hygiène, et parfaitement salubres; il y est question de prendre les eaux du canal de Bourbourg au Grand-Tournant, qui est une dérivation de la rivière de l'Aa; de les amener à Dunkerque par un large aqueduc voûté, et de les élever, au moyen d'une machine de la force de seize chevaux, afin d'obtenir une eau jaillissante dans le rez-de-chaussée des habitations. Pour cela, il est indispensable de dépenser une somme de 630,000 francs, plus une dépense annuelle de 20,000 francs pour la manœuvre et l'entretien de la machine; mais cette somme de 20,000 francs, dit le même rapport, serait couverte par les recettes présumées des abonnements pour les prises d'eau particulières.

Il est difficile, dans tous les cas, quelque soin que l'on apporte dans ses recherches, d'apercevoir du premier coup tous les moyens susceptibles de pouvoir être mis en pratique. Bien souvent les plus simples, en apparence, sont négligés ou passent inaperçus ; d'une simple idée il peut résulter une conséquence assez grave pour qu'elle puisse donner lieu à de nouvelles études et conduire à un résultat qu'on est souvent loin d'attendre ; tout n'a donc pas été dit sur cette importante question. Les deux années de sécheresse que nous venons de traverser (1857-58), nous ont démontré toute l'importance qu'il y aurait à réaliser au plus tôt le projet arrêté par le Conseil municipal dans sa séance du 6 Septembre 1856. Cette pénurie d'eau, cette disette qui est devenue une calamité pour le pays, a fait faire des recherches ; il n'est point douteux que des hommes sérieux s'en sont occupés, et que plusieurs moyens sont sans doute dans la tête de ceux qui ont le génie de la création. Si petits que soient ces moyens, il est bon de les livrer au public ; mis entre les mains des hommes compétents, il peut en résulter un bien immense pour Dunkerque, dont l'administration est toujours disposée à faire tous les sacrifices possibles, quand il s'agit de salubrité publique et d'augmenter le bien-être des habitants. Ce serait donc manquer à son pays si on ne mettait pas à jour par la publicité ce que chacun a trouvé pour obvier à la gêne, chaque année renouvelée, par le manque d'eau. Prendre une part, aussi faible qu'elle soit, à ce bienfait, c'est, je crois, le devoir d'un bon citoyen et vouloir le bonheur de son pays. Cette question des eaux fraîches m'a toujours occupé : l'année dernière, en étudiant le tracé d'un chemin de fer à travers les dunes de Dunkerque à la frontière belge, j'ai été souvent frappé de trouver une eau excellente dans des abreuvoirs établis par les habitants des dunes ; j'ai reconnu par mon nivellement que ces eaux étaient toutes, dans le moment de la plus grandes sécheresse de l'année, entre 6^m 44 et 5^m 94 au-dessus du busc de l'écluse de la Cunette ; cette découverte mériterait peut-être d'être mise à l'étude : c'est ce que je me propose de faire plus tard ; pour le moment, ce qu'il y a à faire, c'est de prendre de l'eau où on est sûr d'en trouver.

Pourquoi, si le conduit qui alimente aujourd'hui nos fontaines publiques fournit 300 mètres cubes d'eau par jour, ne pourrait-il pas fournir les 3,000 mètres qui sont reconnus nécessaires et que comporte le projet présenté en 1856 ? Si les eaux fournies par ce conduit sont reconnues bonnes et saines, pourquoi ne pas augmenter la section du siphon placé sous le canal de Bergues ? Ce n'est pas une dépense énorme ; si, pour sa construction, on profite d'un chômage pour éviter les frais de batardeaux et d'épuisement, ce travail pourra être fait à raison de 100 francs le mètre courant. Ce siphon établi, il reste à conduire les eaux à Dunkerque ; à cet effet, il existe un watergand que l'on nomme le *Zilague*, traversant une partie de terre haute et destiné spécialement à amener les eaux en ville ; il est convenablement situé pour sa destination. Les eaux arrivent au pied du glacis, lequel est traversé par un aqueduc ; il reste donc à faire et à organiser un autre conduit pour traverser le fossé et le rempart débouchant au pied du talus intérieur, soit d'une courtine ou dans le terre-plein bas d'un des bastions situés entre la porte du fort Louis et la porte de Furnes. Là un système d'embranchements partant comme les rayons d'un centre se dirigeront dans tous les quartiers de la ville, et cette eau prenant partout le même niveau que celle du canal de Bourbourg, qui est cotée 3^m 64, pourra être livrée à la consommation au moyen de pompes publiques dont la hauteur variera suivant la cote du sol des rues. La dépense pour un pareil travail ne peut être énorme ; elle serait même bien faible comparativement au service rendu, puisqu'elle assure à la ville une quantité d'eau plus que suffisante à sa consommation. Mais une fois les eaux rendues en ville, s'en contentera-t-on ? il est probable que non, il faudra de l'eau jaillissante, puis plus tard de l'eau filtrée ; avec un peu de patience, on y arrivera. C'est ce que nous chercherons à faire comprendre par la suite.

Nota. Au début de cette publication, aussitôt le premier article paru, une réclamation a été faite par un honnête citoyen, ce qui m'a convaincu de l'importance de la tâche que j'entreprenais ; aussi, pour ne rien perdre de ce qui a été dit sur cette affaire qui pourrait donner lieu à de nouvelles idées, je reproduirai les observations qui auront été faites et mes réponses au fur et à mesure qu'elles paraîtront.

ARTICLE 3.

Lettre de M. Petyt, Auguste, à M. Kien, éditeur du journal l'Autorité.

Monsieur,

A propos de la question des eaux et de la nécessité d'en doter notre ville, je lis dans votre numéro de ce jour un premier article de M. Durand, conducteur des Wateringues, où il est dit que l'année dernière, en étudiant le tracé d'un chemin de fer à travers les dunes de Dunkerque à la frontière belge, il a été souvent frappé de trouver une eau excellente dans les abreuvoirs établis par les habitants des dunes; qu'il a reconnu par son nivellement que ces eaux étaient toutes, dans le moment de la plus grande sécheresse de l'année, entre 6^m 44 et 5^m 94 au-dessus du busc de l'écluse de la Cunette ; qu'enfin cette découverte mériterait peut-être d'être mise à l'étude, et que c'est ce qu'il se propose d'examiner plus tard.

Comme le dit avec raison M. Durand, quelque faible que soit la part d'un citoyen dans la solution d'une question aussi sérieuse, il est de son devoir de mettre à jour les moyens qu'il croit utiles pour en atteindre le but.

C'est à ma demande que l'étude du chemin de fer dont il s'agit a été faite ; les plans m'en ont été remis.

En vertu d'un acte passé le 4 Mai 1858, devant M^e De Baecque, notaire en cette ville, j'ai acquis de mon ami, M. G. Malo, acquéreur lui-même des Dunes qui appartenaient à la ville de Dunkerque, une langue de terrain de 30 mètres de largeur sur la longueur totale de sa propriété, dans le but, est-il dit dans l'acte, d'établir un chemin de fer de Dunkerque à Furnes, *et en même temps, latéralement à ce chemin, un cours d'eau pour l'alimentation de la ville de Dunkerque.*

Les communes co-propriétaires des Dunes, à partir de celles de M. G. Malo jusqu'à la frontière, ont, par délibérations régulièrement intervenues, consenti au passage du chemin dont s'agit, au même titre que la cestion qui fait l'objet de l'acte précité.

L'étude à laquelle il a été procédé l'été dernier, n'a donc pas amené la découverte de l'existence des eaux pluviales qui reposent dans le sol des Dunes. C'est un fait reconnu depuis long-temps, et l'honorable M. Durand reconnaîtra aussi qu'en l'accompagnant une première fois pour lui indiquer mes vues, j'ai fixé son attention sur la possibilité de doter notre ville d'un bienfait qui me paraissait si facile à réaliser par le nivellement de la voie ferrée, dont la dépense devait être essentiellement productive. Cette pensée est d'ailleurs consignée dans un acte authentique.

La certitude acquise de l'existence d'une quantité d'eau plus que suffisante pour l'alimentation et les besoins de nos concitoyens, j'ai fait l'offre à M. le Maire, et à titre gratuit, de la portion nécessaire au cours d'eau, qui deviendrait ainsi la propriété de la ville, en contribuant dans les dépenses relatives au nivellement et au creusement du sol. M. le Maire, accueillant cette ouverture avec reconnaissance, m'exprima l'intention de la communiquer au Conseil Municipal ; mais je ne crois pas qu'il l'ait réalisée, par le motif sans doute, si j'en juge par l'insertion qui a été faite d'une note officielle dans votre journal, qu'on aura émis l'avis bien erroné que les Dunes ne pourraient jamais fournir assez d'eau pour les besoins de la ville.

La demande soumise en ce moment à l'examen du Conseil Général des ponts et chaussées, tendant à l'établissement d'un chemin de fer pour relier directement Dunkerque à la Belgique, étant aussi à mes yeux une question capitale, mais d'une autre nature, j'ai l'intention de faire comprendre le creusement du cours d'eau dans les travaux de nivellement qu'entreprendra la compagnie concessionnaire de la voie ferrée.

Aucun doute n'est possible selon moi, sur le succès du projet dont il est ici question, puisque depuis quelques années la ville d'Amsterdam, dont la population est de 300,000 habitants, est alimentée par les eaux des Dunes de Harlem, conduites, à ciel ouvert, à une distance de 25 kilomètres.

Veuillez, Monsieur, insérer ces lignes dans l'un de vos prochains numéros, et agréer l'expression de mes civilités.

26 Février 1859.   Signé, Aug. PETYT.

ARTICLE 4.

Réponse à l'observation de M. Auguste Petyt, à M. B. Kien, éditeur du journal l'Autorité.

Monsieur,

Quand, dans mon premier article produit par votre numéro du 26 février dernier, sur la possibilité d'avoir de l'eau douce à Dunkerque, j'ai parlé des Dunes, et que j'avais été frappé de les trouver aussi abondantes ; que leur plan de niveau variait entre les cotes 6^m 44 et

5^m 94 au-dessus du busc de l'écluse de la Cunette, et que cette exploitation mériterait peut-être d'être mise à l'étude, je n'ai pas prétendu m'attribuer le mérite d'avoir fait la découverte qu'il y avait de l'eau douce dans les Dunes. A cet effet, je dirai, comme M. Petyt, ce n'est pas l'étude du projet du chemin de fer qui a amené la découverte des eaux pluviales qui reposent dans le sol inférieur des Dunes ; depuis un temps fort reculé, les habitants de ces mêmes Dunes en font un usage journalier ; à eux donc et à leurs devanciers, l'honneur de l'idée première ; il n'y a pas lieu de nier ce fait. Mais ce qui constitue aujourd'hui une découverte (je persiste à dire découverte parce que je ne sache pas qu'elle ait été mise à jour jusqu'à présent), c'est la hauteur relative de ces eaux avec le sol de Dunkerque ; cette connaissance n'a pu être donnée que par un nivellement. Et certes, si M. Petyt n'avait pas eu la pensée de me confier l'étude du projet du chemin de fer, ce dont je me trouve fort honoré, je n'aurais peut-être jamais eu l'occasion de faire un nivellement qui pût me faire découvrir ces différences relatives dans le plan de niveau des Dunes, des autres canaux et du sol de Dunkerque.

Dans une reconnaissance préliminaire que nous avons poussée à travers les Dunes jusqu'à la Panne (Belgique), M. Petyt et moi, nous avons trouvé de l'eau dans tous les abreuvoirs pratiqués par les habitants de ces contrées. Les préoccupations dominantes de M. Petyt étaient toujours d'amener ces eaux à Dunkerque ; je me plais à reconnaître que ces recommandations m'ont été faites par lui avec une persistance qui témoignait de tout l'intérêt qu'il attachait à la réalisation de ce projet, et qui devait tant contribuer à la salubrité publique de Dunkerque.

Dans un article spécial, je parlerai des eaux des Dunes et de celles que le tracé du chemin de fer pourrait produire ; cette question sera terminée par un dernier article ayant aussi trait aux Dunes, et donnant la possibilité d'en extraire toutes les eaux, si toutefois le chemin de fer projeté n'était pas réalisé.

Agréez, Monsieur, mes salutations empressées.

2 Mars 1859. DURAND.

ARTICLE 5.

Moyen de fournir de l'eau jaillissante et filtrée dans les habitations et dans les rues par des bornes-fontaines.

Dans le premier article, nous avons introduit les eaux de Dunkerque ; cela ne suffit plus, c'est autre chose qu'il faut, c'est de l'eau jaillissante pour le rez-de-chaussée des habitations et même des usines, pour des bornes-fontaines devant embellir nos places publiques de jets d'eau permanents. On peut obtenir tout cela sans augmentation dans le chiffre de la dépense demandée pour le projet ; il est très-probable même qu'elle sera au-dessous.

Il existe en ville 2,500 maisons ; un tiers environ des propriétaires voudront se procurer de l'eau dans leurs appartements du rez-de-chaussée, ou du moins dans leurs cuisines, dans leurs cours et jardins ; ceux-là prendront des abonnements, ils témoigneront de leur sympathie pour cette amélioration importante qui doit faire époque dans le pays et faire honorer la mémoire de l'administration paternelle sous laquelle elle aura eu lieu; ils saisiront cette occasion de venir en aide à la classe laborieuse, si digne d'intérêt, en rendant possible le problème si long-temps cherché et qui doit tant contribuer à l'état sanitaire de toute la ville.

Que reste-il à faire pour avoir des eaux jaillissantes ? Rien n'est plus simple. Dans le rapport au Conseil municipal du 6 Septembre 1856, ce moyen est parfaitement indiqué ; mais comme par mesure d'économie, l'arrivage de l'eau n'est pas le même, il doit en résulter quelques changements dans les dispositions : la machine à élever les eaux était placée à l'Ouest du pont Rouge, et devait fonctionner sans discontinuer. Moi, je la place en Basse-Ville, contre les remparts, entre la porte du fort Louis et celle de Furnes ; je ne construis pas de château d'eau, mais tout simplement une machine à élever les eaux , et les déversant dans un réservoir placé de manière que le fond corresponde à 2^m 00 au-dessus du sol moyen de Dunkerque ; c'est l'emplacement de ce réservoir qu'il faut chercher, afin d'obtenir cette hauteur de 2^m 00, et un réservoir assez grand pour alimenter d'eau toute la ville, c'est un édifice grandiose qu'il faut ériger : on ne peut pas le construire dans le vide, non certes, personne n'a encore cherché à résoudre ce problème. Construire un édifice spécial pour un réservoir pouvant contenir trente mille hectolitres d'eau, c'est une construction qui entraînerait l'administration dans une dépense énorme et hors de toute proportion pour les services rendus ; il n'y faut pas songer, il faut trouver un autre moyen. Eh bien ! ce moyen est tout trouvé, moyen bien simple d'exécution et dont la faible dépense ne fera pas reculer les mieux disposés au bien de la chose publique. En effet, n'existe-il pas une plate-forme toute faite pour recevoir ce réservoir ? Elle existe sur au moins 800 mètres de longueur; elle semble faite pour attendre qu'on vienne l'utiliser, elle tend les bras à qui voudra la mettre à profit : c'est le terre-plein du rempart entre la porte du fort Louis et la porte de Furnes, composé de courtines et de bastions, dont le sol est partout plus élevé de 3 et 4 mètres au-dessus du pavé de la ville ; qu'on fasse sur tout son développement une citerne ou réservoir en forme de galerie de mine, recouverte de terre, dont le fond sera réglé de manière à se trouver plus haut que le sol des rues, et l'on pourra donner de l'eau jaillissante. Ce n'est pas impossible, l'inspection des lieux le démontre bien vite ; un nivellement fait dans toutes les rues indiquera la hauteur du jet de l'eau pour chaque cas en particulier. Le sol du port étant le plus bas de la ville, il n'est pas douteux que la belle place qui vient d'être formée par suite du barrage pour l'établissement du bassin à flot, sera embellie par une fontaine à jet d'eau continu, ornement de plus, qui fera rechercher la promenade et les plaisirs si variés de nos quais et de notre plage; la maison des Bains même pourrait avoir son bassin d'eau douce avec jet d'eau.

Comme plus on a, plus on veut avoir, on se plaindra peut-être de la qualité des eaux qui doivent arriver à Dunkerque par un watergand à ciel ouvert ; on remarquera que ce watergand, par sa position, ne traverse aucune partie de terre marécageuse, et que les eaux, dans ce court trajet, ne peuvent s'altérer ; cela est d'autant mieux prouvé, qu'une partie de la population ne cesse d'en faire usage, et qu'elle ne s'en est jamais mal trouvée. D'ailleurs, est-ce que M. Petyt ne nous fait pas connaître qu'à Amsterdam les eaux des dunes y sont conduites à ciel ouvert sur un parcours de 25 kilomètres ? Il est certain aussi qu'on demandera de l'eau filtrée : le problème est trouvé sans qu'il en coûte rien. De plus, comme je viens de le dire, le réservoir sera placé de manière que son fond soit à environ 2^m 00 au-dessus du pavé de Dunkerque ; dès lors, en pratiquant un filtre d'une grande dimension dans le sol du réservoir, l'eau, avant de pénétrer dans le conduit de distribution, sera obligée de le traverser, et d'autant plus vîte, qu'une forte pression agira sur ce filtre par la grande quantité d'eau supérieure ; voilà donc de l'eau jaillissante et filtrée. Qu'a-t-on à demander de plus ? Oui, il y aura une autre difficulté, difficulté qui peut n'en être pas une : le génie militaire laissera-t-il exécuter ces travaux sur son terrain, et même sur ses remparts ? C'est une question à laquelle on ne peut répondre qu'après avoir consulté ceux qui, seuls, ont le droit de la résoudre.

Toutes les fois qu'il s'est agi du bien public, le département de la guerre s'est empressé de satisfaire aux vœux des populations ; que l'on consulte le chef du génie de la place, il mettra à votre disposition ses connaissances éclairées, il vous indiquera ce qu'il y a à faire pour obtenir cette autorisation, il vous aidera même par ses conseils à arriver au but que vous vous proposez. Cette administration aime à saisir toutes les occasions qui se présentent, quand elles ont rapport à l'amélioration de la position de nos soldats ; or, la salubrité publique intéresse tout le monde. Qui sait ! elle trouvera peut-être dans ces dispositions un avantage : si toutefois elle avait le projet d'augmenter le relief de ses ouvrages de fortifications, elle profiterait pour cet usage de vos déblais, ce qui viendrait ajouter encore à la hauteur à donner au fond du réservoir. Qui sait si elle ne considérera pas ce nouveau travail comme avantageux et défensif ; agissant comme une galerie hydraulique destinée à inonder la brèche au moment de l'assaut ; ou, dans un moment donné, de la transformer en galerie de mine, percée de créneaux à l'intérieur, comme on en voit à la gorge de plusieurs ouvrages de fortifications. C'est une appréciation que, du reste, le génie militaire seul est à même de juger. On ne peut pas se prononcer avant d'avoir consulté cette administration.

La dépense pour un réservoir de cette sorte ne peut être fort élevée, surtout si l'on réduit sa capacité aux besoins les plus pressants de 10,000 hectolitres, qui est la consommation jugée nécessaire aux besoins journaliers. Le prix-courant pour la construction d'une citerne bourgeoise est de trois francs pour chaque hectolitre de contenance ; en portant cette dépense à quatre francs pour avoir un travail convenablement fait et à l'abri de toutes fissures ou fuites, la dépense ne monterait qu'à 40,000 francs, dépense bien minime. Reste à faire la distribution en ville au moyen de tuyaux, dont l'estimation figure dans le rapport qui a été publié en 1856 ; de cette manière, on aura de l'eau de suite pour les besoins domestiques. Certes, il y a toujours économie à entreprendre le travail en grand et donner de suite au réservoir une contenance de 30,000 hectolitres ; une fois le plein fait, la machine peut attendre et ne fonctionner que pour remplir suivant les besoins ; il est facile de voir que ces sortes de réservoirs pourront se répéter sur les remparts, vis à vis de chaque quartier de la ville, puisque Dunkerque est entouré de fortifications, toutes plus élevées que le pavé des rues. C'est alors qu'on serait à l'abri de toute disette d'eau, même en temps de chômage du canal ; car rien n'empêcherait, par mesure de précaution, de remplir toutes les citernes en s'y prenant un peu à l'avance ; c'est alors qu'on n'aurait plus à craindre le manque d'eau, si un incendie considérable venait à se déclarer ; il y aurait de l'eau partout et pour tous.

Ce moyen est praticable ; tout le monde sait qu'il est une loi d'équilibre incontestable pour les liquides, et que, quelles que soient les courbes ou longueurs de tuyaux, l'eau cherchera toujours à prendre le niveau du réservoir le plus élevé ; le poids de ces réservoirs agira avec force sur les nombreux orifices disséminés dans la ville ; l'eau en jaillira avec une vigueur qui étonnera d'autant plus qu'on ne saura pas d'où elle vient, puisque rien ne sera apparent, si ce n'est la machine.

Ici ce n'est qu'un moyen, et même seulement des observations que je livre à l'appréciation du public et des hommes compétents ; je n'ai pas le moins du monde la prétention d'attaquer le projet qui a été présenté en 1856 ; je n'en connais même pas les détails. Je n'ai sous les yeux que le rapport fait au Conseil municipal, adopté dans les séances des 18 Août et 6 Septembre, et qui a été livré au public par une brochure distribuée partout ; mon intention est seulement de mettre de nouveau sous les yeux de l'autorité les besoins incessants de la population, et de faire un appel aux hommes sérieux qui s'occupent du bien-être de leurs semblables, afin de mettre à jour ce qu'ils auront trouvé d'utile à dire sur ce sujet ; car quelque obscure que puisse paraître une idée mise à l'étude et soumise à de nouvelles recherches, les imperfections disparaissent, les difficultés s'aplanissent et font place à la solution tant cherchée, *des eaux douces, fraîches et abondantes à Dunkerque.*

ARTICLE 6.

Causes des Eaux saumâtres et de la disparition des Eaux dans les puits.

Se procurer des eaux douces provenant des dunes à l'Est de Dunkerque, n'est pas une chose nouvelle : le rapport fait au Conseil municipal en 1856, en fait mention ; mais comme il peut exister plusieurs moyens de se les procurer, il est bon de les faire connaître, en décrivant aussi ce qui se passe dans les dunes, ne fût-ce que pour mémoire et pour aider un jour à la mise en culture de ces mêmes dunes.

Quelle est la cause qui produit ces eaux douces ? Pourquoi ne sont-elles pas saumâtres comme celles que l'on trouve dans quelques puits ? Les habitants de ces contrées pourraient le dire, puisque tous les puits sont construits de manière à n'avoir que de l'eau douce. La cause en est aussi indiquée par ce qui se passe dans les puits qui existent à Dunkerque ; mais on ne s'aperçoit de ces choses-là que lorsqu'il y a disette d'eau ; aussitôt l'abondance revenue, tout est oublié. Tout le monde ne tient pas note de ses observations.

Dans les dunes comme dans les terres qui les bordent au sud jusqu'au canal de Furnes, on ne creuse les puits qu'à une faible profondeur ; aussitôt que l'on trouve l'eau douce et potable, on creuse encore 0^m 60, et tout est fait ; on se gardera bien d'aller plus profondément, car on aurait de l'eau saumâtre.

A Dunkerque, la plupart des puits sont creusés à une profondeur de 3 à 6 mètres généralement ; quelquefois, mais rarement, ils sont beaucoup plus profonds. On a, pour ceux de 3^m 00, de l'eau qui se rapproche beaucoup de celle des dunes ; pour ceux de 6^m 00, de l'eau tout à fait saumâtre, et enfin pour les derniers, on a ou de l'eau saumâtre ou de l'eau douce, suivant la bonne ou la mauvaise confection des puits.

Quelle est la cause qui produit ces différences dans la qualité de l'eau ? Elle ne peut provenir que par l'eau de la mer qui imprègne par infiltration le sous-sol d'une grande partie de notre territoire, qui n'est que sable, recouvert quelquefois d'une faible couche de terre glaise, et l'eau de pluie qui vient se superposer sur cette couche inférieure et qui s'y mêle. Le sous-sol se trouve imprégné d'eau saumâtre partout, jusqu'à la cote moyenne, entre la haute et la basse mer.

Dans tous les puits construits, soit dans l'intérieur des dunes, soit sur la partie de terre au sud jusqu'au canal de Furnes, le fond ne dépasse jamais la cote moyenne entre la haute et la basse mer, et tous donnent de l'eau douce, propre à l'alimentation et à tous les usages domestiques. Si, au contraire, ces puits étaient plus profonds, l'eau de pluie se mêlerait avec la couche d'eau imprégnée dans le sous-sol par la pression de la mer et deviendrait saumâtre ; il en est de même pour les puits construits à Dunkerque, dont la plupart donnent de cette eau. Ceux peu profonds produisent de l'eau douce ; mais du moment où le fond atteint la cote de la basse mer, l'eau est tout à fait saumâtre ; ceux dont le fond est beaucoup plus bas que la basse mer et dont la construction est bien faite et avec des matériaux de bonne qualité, donnent de l'eau moins mauvaise et qui parfois pourrait même être considérée comme bonne et saine. Cela tient, comme je l'ai déjà dit, à ce que notre sous-sol est imprégné par infiltration des eaux de la mer, lesquelles se mêlant avec les eaux de pluie, produisent de l'eau saumâtre.

Il serait donc bon, pour ces sortes de constructions, d'avoir égard à ce qui vient d'être dit, et surtout pour les puits profonds, de mettre tous les soins à la partie des maçonneries qui doivent traverser le sous-sol imprégné des eaux de la mer et recueillir les eaux de pluie superposées sur cette couche inférieure, en pratiquant des gargouilles dans les parois des puits à une hauteur moyenne entre la haute et la basse mer ; ces gargouilles font l'effet de drains, elles peuvent attirer les eaux pluviales à une distance égale à 8 fois leur profondeur.

Pour démontrer la relation qui existe entre notre sous-sol et la mer, il suffit de jeter un coup-d'œil sur ce qui s'est passé pendant le cours des travaux pour l'établissement du bassin à flot : c'est dans ces moments qu'on a vu les puits tarir, surtout ceux qui avaient leur fond correspondant à la basse mer et au-dessus ; on a remarqué aussi que les eaux de la Samaritaine diminuaient considérablement au fur et à mesure de l'achèvement du canal de dérivation, dont le fond et le plan d'eau sont beaucoup plus bas. La couche d'eau douce dans Dunkerque est très-faible ; la cause en est bien simple : on la recueille avec soin pour la conserver dans les citernes; celle qui tombe dans les rues est emportée par les égouts, une autre partie s'évapore ; il ne reste, pour alimenter les puits, que celle qui tombe dans les jardins et les cours non pavées. Je ne parle pas de celle qui tombe dans les endroits éloignés, comme la rue militaire, les remparts, etc., etc., qu'on pourrait recueillir avec avantage ; mais celles-ci donneront matière à un article spécial. Il n'est donc pas étonnant de voir disparaître si rapidement le peu d'eau douce que peuvent contenir nos puits ; il n'en est pas de même dans les campagnes et dans les dunes : la plus grande partie de l'eau qui tombe du ciel est absorbée par la terre et une faible partie seulement s'évapore ; aussi, pour la recueillir, ne donne-t-on qu'une faible profondeur aux puits. Nos canaux offrent aussi un exemple de relation de notre sous-sol avec la mer : ainsi le canal de Furnes dont l'eau est saumâtre, n'est jamais en communication avec les eaux du port ; c'est parce que son fond se trouve à 1^m 18 au-dessus de la basse mer, et son plan d'eau à 3^m 04, et qui a cette cote; l'eau de la mer, dont la terre est partout imprégnée, se mêle avec l'eau de pluie, et la très-petite quantité d'eau renouvelée dans ce canal nous vient de la Belgique. Le canal de Bergues a aussi ses eaux on ne peut pas plus mauvaises, puisque les bestiaux refusent de la boire ; mais ce canal est constamment en communication avec les eaux du canal de ceinture, qui sont presque de l'eau salée; son fond est coté 0^m 49 au-dessus de la basse-mer, et son plan d'eau 2^m 49. Il n'en est pas de même du canal de Bourbourg, où l'eau est bonne et saine ; son fond est coté 0^m 79 par rapport à la basse mer, et le plan d'eau exigé pour la navigation 3^m 64; il est sans cesse entretenu et renouvelé par les eaux de la rivière de l'Aa.

ARTICLE 7.

Eaux des Dunes à l'Est de Dunkerque.

Le nivellement dont j'ai été chargé par M. A. Petyt, pour l'étude d'un chemin de fer devant relier Dunkerque à Furnes, m'a démontré que bien des parties basses nommées *Cavées* existaient dans les dunes, que toutes étaient abondamment pourvues d'eau douce, et que si on pouvait les mettre en communication par un watergand se dirigeant vers Dunkerque, on pourrait approvisionner cette ville des eaux nécessaires à sa consommation. Plus de 150 hectares de cavées, dans la direction du chemin de fer projeté, sont propres à fournir de l'eau douce ; aussi, M. A. Petyt a senti de suite l'importance qu'il y aurait à étudier ces dispositions et à voir s'il n'y aurait pas possibilité de doter Dunkerque de ces eaux, en les faisant suivre latéralement la voie ferrée ; il m'avait recommandé spécialement de fixer mon attention sur ce point et de diriger mes études vers ce but : c'est ce que j'ai fait, et c'est ce qui me met aujourd'hui à même de traiter cette importante question.

L'obligation, dans la construction des chemins de fer, d'éviter les courbes d'un trop faible rayon, empêche de suivre partout les cavées; ensuite la nécessité de franchir des monts de sable qui atteignent quelquefois une hauteur de 8 à 11 mètres, occasionne une solution de continuité dans les plans de niveau qui ne permet pas d'avoir une seule pente de la frontière à Dunkerque; il aurait été dangereux de trop encaisser la voie ferrée, sous peine de la voir bientôt recouverte par les sables; il a donc été indispensable de prendre une moyenne pour traverser ces différents monts, et de rompre la communication des fossés latéraux par des pentes et contre-pentes, afin d'éviter aussi de trop grands remblais dans les cavées. On ne peut donc profiter du chemin de fer pour amener les eaux des dunes à Dunkerque sur toute sa longueur, c'est à dire depuis la frontière belge; mais on peut prendre toutes celles qui existent dans la première cavée qui commence à environ 300 mètres de la crête du chemin couvert, qui a une longueur de 12,000 mètres et une largeur moyenne de 200 mètres; la cote de cette cavée est en moyenne de 7^m 90 au-dessus de la basse mer; l'eau douce a été trouvée dans le mois de Juillet 1858, moment de la plus grande sécheresse de l'année, à la cote 6^m 40 ; il en a été de même, à quelques petites différences près, pour toutes les autres cavées que j'ai traversées.

Il est un fait digne de remarque, c'est que partout le sous-sol des dunes est composé d'une couche de terre glaise foncée et très-compacte que l'on trouve toujours à une même profondeur et dont la hauteur est presque uniforme sur tous les points; c'est sans nul doute à cette cause qu'il faut attribuer la conservation des eaux pluviales, et il faut bien se garder de la traverser si l'on ne veut pas s'exposer à avoir l'eau saumâtre qui se trouve au-dessous.

La cote du sol de Dunkerque au pont du sas octogone est 7^m 00 ; celle des eaux des dunes étant 6^m 40, ce serait donc, si ce plan est permanent, à 0^m 60 au-dessous du pavé qu'on pourrait amener ces eaux. Or, des fossés latéraux pouvant être pratiqués sur une longueur de 1,500 mètres environ, pour la première cavée, on aura pour les deux côtés 3,000 mètres ; ce qui sera déjà une bien belle longueur et qui produira une surface d'eau d'au moins 7,000 mètres carrés, si on ajoute à ces fossés des rameaux pour aller à droite et à gauche chercher les eaux d'autres petites cavées et de quelques étangs qu'on pourrait établir à l'instar de celui qui existe à la Panne (Belgique) ; on devra tenir compte aussi de l'époque de l'année (juillet) où le plan d'eau des dunes a été trouvé.

Ce plan d'eau coté 6^m 40 est plus élevé que la haute mer moyenne de 1^m 47, ce qui donne pour une surface de 7,000 mètres un approvisionnement d'eau de 102,900 hectolitres; il est constant que si le dixième seulement de cette eau pouvait se renouveler tous les jours,

Dunkerque pourrait être alimenté par cette partie de dunes de 10,290 hectolitres par jour.

Le plan d'eau officiel du canal de Bourbourg, exigé pour les besoins de la navigation et le desséchement du pays, est coté 3ᵐ 64; celui trouvé dans les dunes (en juillet) est coté 6ᵐ 40. On voit qu'il y a une différence de 2ᵐ 76 entre ces deux plans de niveau, et que cette différence est en faveur des eaux des dunes; cela vient de ce que chacune des cavées forme un bassin particulier qui reçoit les eaux des parties les plus élevées par les infiltrations à travers les sables, et s'étendent partout au même niveau; c'est ce qui fait que je n'ai trouvé que peu de variation dans la cote des eaux sur toute la ligne que j'ai parcourue de Dunkerque à la frontière. Il semble donc évident que si ces eaux n'étaient pas retenues par la pression qu'exercent sur elles les monts de sable qui les entourent, et principalement ceux qui bordent le côté sud des dunes, toutes s'écouleraient naturellement dans le canal de Furnes; c'est, du reste, les cours que ces eaux ont toujours suivis.

Si l'on veut consulter une carte bien faite, comme par exemple celle de MM. Cordier et Bosquillon, il sera facile de se convaincre de ce fait. Que l'on regarde la partie de terre au sud des dunes, on verra tous les cours d'eau se diriger vers le canal de Furnes; il y a de ces cours d'eau qui ne cessent de couler pendant toute l'année. Le sol entre le canal et les dunes est en moyenne 1ᵐ 40 plus bas que le niveau des cavées; il est donc permis de croire que cette partie de terre cultivée est la dernière conquête faite sur la mer. Que l'on fixe ensuite son attention sur les terres au sud de ce canal, on verra se continuer le prolongement d'une partie de ces mêmes cours d'eau en se dirigeant toujours du nord au sud, pour verser leurs eaux dans le canal des Chats et dans le canal des Moëres; on trouvera encore, entre le canal des Moëres et le canal de Furnes, une différence de niveau aussi d'environ 1ᵐ 40. La partie de terre entre le canal des Moëres et le canal des Glaises est sillonnée également de canaux qui sont, à quelques exceptions près, toujours le prolongement des premiers; on trouvera encore une différence de niveau entre le sol, contre le canal des Moëres, et celui contre le canal des Glaises, de 1ᵐ 30. Le canal des Moëres étant la grande artère par laquelle toutes les eaux du pays s'écoulent à la mer, a dû être fortement encaissé, afin de donner à son fond seulement 0ᵐ 27 au-dessus de la basse mer, et à son plan d'eau 1ᵐ 90, hauteur qui a été jugée nécessaire pour les irrigations et pour la petite navigation, et utile aux besoins de l'agriculture. Le terrain bordant le canal des Glaises semble le plus bas, et c'est dans ce canal que toutes les eaux seraient venues se jeter si l'on n'avait pas autant approfondi et encaissé le canal des Moëres. Comme je viens de le dire, ces canaux des Glaises, des Moëres, des Chats et de Furnes indiquent par époque les parties de terres conquises sur la mer; il serait curieux de connaître la date de leur origine : tous ont eu le même but, celui de ramener à la mer les eaux qui sortaient des dunes; elles doivent donc y être abondantes, cela est trop évident pour en pouvoir douter; car, pour en donner une seule preuve, il s'agirait de supprimer pour un moment la sortie des eaux du canal de Furnes par le sas octogone, et on les verrait bientôt refluer et descendre dans le canal des Moëres par les aqueducs placés sous la route de Furnes. Le terrain va donc toujours en baissant jusqu'au canal des Glaises ; la pente se continue et traverse la chaussée d'Hondschoote sur une longueur d'environ 1,000 mètres, ce qui permet de croire qu'en cet endroit, anciennement, la mer y formait une anse. On appelle encore aujourd'hui cette partie de terre les Moëres d'Hondschoote.

D'après tout ce qui précède, ce serait toujours en remontant qu'on aurait gagné sur la mer et en attirant à soi les eaux; c'est encore ce que l'on fera aujourd'hui pour conquérir à l'agriculture la partie des dunes de Dunkerque à la frontière. Que l'on jette les yeux du côté ouest de Dunkerque, on remarquera que le même principe existe, que toutes les eaux ont été attirées vers le canal de Bourbourg; qu'au sud de ce canal, toutes se versent dans la Haute-Colme, dont le plan d'eau est plus bas de 0^m 72 que dans le premier; que toutes se dirigent ensuite par le canal de Bergues pour se jeter à la mer.

Dans le prochain article, je chercherai le moyen de tirer toutes les eaux des dunes d'un bout à l'autre, en suivant ce principe. Peut-être, dans ce moyen, trouvera-t-on aussi celui de rendre les dunes à l'agriculture.

ARTICLE 8.

Moyen d'extraire toutes les Eaux des Dunes de Dunkerque à la frontière belge.

Si l'on pouvait avoir un watergand à travers les dunes de Dunkerque jusqu'à la frontière de Belgique, reliant entre elles toutes les cavées, certes le problème d'amener des eaux douces à Dunkerque et celui de la mise en culture des dunes seraient assurés; mais comme je l'ai démontré dans l'article précédent, ce n'est guère que sur une petite longueur qu'il peut avoir lieu.

Dans le troisième article, on fait ressortir par quelques généralités comment on était parvenu à cultiver la partie de terre entre les dunes et la Basse-Colme; la manière dont cette partie de terre est sillonnée de watergands indique assez que c'est par eux qu'on y est parvenu. Ces nombreux ruisseaux ayant tous la même direction du nord au sud, étant bien étudiés, c'est l'histoire du pays, c'est la relation bien détaillée, par époque, de l'esprit de l'homme, toujours disposé à conquérir sur les eaux de la mer, au fur et à mesure des besoins de l'agriculture.

Par les motifs qui précèdent, il ne sera donc pas superflu de traiter la question de prendre en grand les eaux des dunes pour les amener à Dunkerque, puisque cette question aura un double but, celui de rendre à l'agriculture une partie de terre inculte, en la fertilisant par des ruisseaux, comme on a fait pour les autres terres conquises sur la mer, dans des temps plus ou moins reculés.

Comme il est démontré qu'on ne peut pas relier ensemble toutes les parties basses des dunes au moyen de canaux, sans être entraîné dans une énorme dépense, qui serait loin d'être en rapport avec le produit, il faut nécessairement chercher un autre moyen; ce moyen, c'est celui qui fut employé par nos pères pour conquérir les autres parties de

7

BIBLIOTHÈQUE IMPÉRIALE IMPR.

terres dont il vient d'être parlé ; il consiste à creuser un watergand à l'extérieur des dunes, et parallèlement dans la partie de terre déjà cultivée ; d'y faire des embranchements ou rameaux pour aller chercher les eaux contenues dans le sol des cavées, en traversant quelques gorges qui se trouvent dans la chaîne de monticules qui les bordent du côté de terre. Ce watergand, aussi rapproché que possible des dunes, et assez éloigné pour n'avoir pas à craindre les ensablements, ne manquera jamais d'eau ; sa profondeur devra être réglée de manière à ne pas entamer la couche d'eau saumâtre et assez basse pour recueillir par infiltration les eaux douces contenues dans la partie inférieure des monts de sable que forment les dunes ; ce watergand recevra aussi les eaux de la partie de terre entre les dunes et le canal de Furnes, en pratiquant des batardeaux aux débouchés d'écoulement dans ce canal. Le Rosendael aurait aussi sa part de bienfait, si un watergand venait un jour à le traverser. S'il ne s'agissait tout simplement que de donner des eaux douces à Dunkerque, ces travaux d'irrigation entraîneraient une dépense qui serait bien au-dessus de celle présumée pour les prendre dans le canal de Bourbourg ; mais si, en faisant seulement ce travail jusqu'à Zuydcoote, soit une longueur de 8,000 mètres, on pouvait trouver assez d'eau, la dépense serait très-supportable ; on pourrait jusque-là faire des embranchements pour aller prendre les eaux des cavées, et on aurait la certitude d'avoir de bonnes eaux. Un watergand à travers les terres, de Dunkerque à Zuydcoote, comporterait un déblai de 80,000 mètres cubes. Reste alors les déblais pour l'établissement des embranchements, pour aller chercher les eaux des cavées intérieures et de quelques étangs qu'on pourrait former comme réservoir.

Il y a donc toujours moyen de trouver des eaux douces dans les dunes et de les amener en ville ; pour le moment, on pourrait se borner à la quantité strictement nécessaire à la consommation de la population, qui peut être évaluée à 10,000 hectolitres par jour. Ce n'est pas une grande affaire quand il s'agit de soulager toute une population qui souffre. Déjà, dans cette saison de l'année, il est pénible de voir comme nos fontaines publiques sont assiégées pour recueillir le peu d'eau qu'elles donnent, et combien de gens y perdent de temps pour attendre leur tour, afin de pouvoir puiser un seau d'eau. La marine s'approvisionne aussi aux mêmes fontaines ; c'est par petites tonnes qu'on vient la chercher. C'est un véritable mouvement perpétuel. Les pompes, quelque bien entretenues qu'elles soient, donnent peu d'eau ; il faut beaucoup d'efforts pour les manœuvrer. L'eau jaillissante fera disparaître cet inconvénient. Qu'on s'empresse de satisfaire aux besoins les plus pressants ; plus tard, quand on voudra augmenter le volume d'eau, on saura où en prendre, le watergand pourra être prolongé jusqu'à la frontière de Belgique, toujours en suivant le même système d'embranchement, pour aller chercher les eaux intérieures des Dunes et celles des fossés latéraux du chemin de fer, s'il vient un jour à se réaliser. C'est alors qu'il y aura abondance d'eau ; que rien ne sera perdu ; ce sera le moment de penser à la mise en culture des terres incultes des dunes, en mettant ces eaux en communication avec le canal navigable de Furnes, pour permettre aux engrais d'y arriver avec de petits bateaux. Cette amélioration, ou plutôt cette mise en culture, ne peut pas tarder: les progrès de l'agriculture s'étendent tous les jours; il suffirait qu'une compagnie sérieuse voulût bien s'en occuper et prendre en concession la fourniture de l'eau nécessaire à la consommation de Dunkerque, pour que tout cela se réalisât. On a rendu à l'agriculture des terrains beaucoup plus rebelles; jusqu'à présent, personne n'a tenté de vaincre cette difficulté, si ce n'est quelques petits particuliers qui bordent les dunes et qui font l'exploitation d'un quartier de terre pour récolter quelques légumes pour leur usage. Ces essais sont on ne peut plus imparfaits; l'engrais qui vivifie tout, y manque entièrement, et malgré cela, le revenu compense encore le travail, puisque tous les jours on voit gagner du terrain. Il est à remarquer que ces essais de culture ne se font pas dans les endroits les plus propres à cet usage; au contraire, c'est sur les revers sud des dunes qu'on opère, parce que c'est là que sont bâties quelques chaumières par des malheureux qui ne peuvent faire plus, et qui combattent journellement contre l'envahissement des sables apportés par les vents du nord; si ceux-là réussissent un peu, que seront donc les résultats de ceux qui s'établiront dans l'intérieur, au milieu de ces belles cavées qui ne semblent attendre que des bras?

Qu'un homme honorable, comme M. G. Malo, qui est déjà propriétaire d'une très-grande partie des dunes, possédant la sympathie de tous les honnêtes gens, se mette à la tête d'une compagnie (il réunit toutes les qualités nécessaires pour cela); toutes les actions seront bientôt souscrites, et l'on verra Dunkerque dotée d'une eau saine et abondante, une population nouvelle d'agriculteurs aisés dans les dunes, l'aspect du pays changé, en un mot, la vie donnée à une terre qui ne demande qu'à produire.

ARTICLE 9.

Eaux provenant de la ville même, au moyen du drainage.

Dans les articles précédents, nous avons fait voir comment on pouvait se procurer les eaux du canal de Bourbourg et celles des dunes à l'Est de Dunkerque, la manière de les rendre jaillissantes et filtrées dans les rez-de-chaussée des habitations, etc.

Dans ce neuvième article, il ne reste, pour avoir épuisé tous les moyens, qu'à faire connaître comment on pourrait se procurer de l'eau sans sortir de la ville et sans avoir recours à tout ce qui a été dit dans les articles précédents.

S'il est reconnu que l'eau est bonne dans quelques puits, dont le fond est un peu plus bas que celui de la basse mer, on peut espérer, en approfondissant quelque peu, la trouver encore meilleure. On obtiendrait ce résultat au moyen de puits artésiens forés dans un puits dont le fond serait au-dessus de la haute mer, construit de manière à recueillir en même temps les eaux de pluie qui y arriveraient par infiltration, et s'y introduiraient par des gargouilles pratiquées à quelques décimètres au-dessus du fond: la construction des puits artésiens est connue de tout le monde, il est inutile d'en faire ici la description.

Il est encore un autre moyen qu'on pourrait mettre en œuvre pour recueillir toutes les eaux qui tombent sur la surface de la ville, à partir du pied des remparts, à l'exception, bien entendu, de celles qui alimentent les citernes ; de les réunir et conserver dans des citernes publiques pratiquées dans les divers quartiers de la ville et sous le sol même des rues.

La grande amélioration apportée à l'agriculture et introduite dans le pays par un honorable habitant, M. Vandercolme, pourrait aussi être avantageusement appliquée pour recueillir toutes les eaux de pluie et en faire jouir la ville ; il ne s'agirait que d'employer sa méthode du drainage. En effet, drainer tous les jardins des grandes maisons, le parc de la Marine, la place Calonne, l'esplanade en face de la grande caserne, l'Ile Jeanty, les terrains situés entre les talus intérieurs des remparts et les constructions qui les bordent, et enfin toutes les parties de la ville non pavées ; c'est ramasser une assez grande quantité d'eau, ajoutée à celle fournie par les bâtiments et les habitations dépourvus de citerne, dont on remarque les nombreux tuyaux de descente qui débouchent sur les trottoirs des rues. Que l'on compare à cette superficie de terre susceptible d'être drainée, celle des toits qui fournissent de l'eau à la grande citerne, et il sera facile de se convaincre que ce dernier moyen n'est pas une utopie, et qu'il mérite bien d'être discuté ; car il est un fait bien reconnu aujourd'hui, c'est que, dans un drainage bien fait et bien organisé, toute l'eau qui tombe sur la terre y est absorbée, descend dans les tuyaux, et que rien ne leur échappe quand ils sont convenablement espacés.

Toutes les eaux recueillies par ce moyen peuvent être amenées et réunies dans des citernes construites en forme de galeries souterraines parcourant les principales rues de la ville, et extraites pour les besoins domestiques au moyen de pompes placées dans les endroits les plus convenables : peut-être bien que, dans les parties les plus basses de la ville, comme, par exemple, les abords du port, on pourrait obtenir de l'eau jaillissante ; c'est du reste une question de nivellement pour s'en assurer.

Si l'on veut profiter de toutes les eaux qui tombent sur le sol absorbant de Dunkerque, le drainage devra être fait d'une manière toute particulière et avec le plus grand soin ; il faudra s'écarter un peu de la théorie reconnue pour drainer les terres où il est recommandé de poser les drains le plus profondément possible. Les galeries souterraines ou réservoirs devant être placés au-dessous de l'assiette des tuyaux, ceux-ci ne peuvent pas être très-profonds ; en raison de leur peu de profondeur, ils doivent être plus rapprochés. La méthode la plus usitée dans la manière de drainer et pour trouver l'écartement des cours de drains, c'est de multiplier la profondeur par dix ; ainsi, pour des drains placés à 1^{m}20 de profondeur, l'écartement des cours sera de 12 mètres d'axe en axe. Ici, pour le sol de Dunkerque, qui n'est que sable et très-absorbant, il sera nécessaire, si on veut ne pas perdre d'eau, de les rapprocher autant que possible : ce sera de multiplier la profondeur par 8 ; ainsi, pour des drains placés à 1^m 20 de profondeur, on aura un écartement de 9^m 60 ; il sera indispensable aussi de drainer avec des manchons et de recouvrir les drains d'une couche de terre végétale pour empêcher le sable de s'infiltrer dans les tuyaux. Ce n'est pas ici une question d'assèchement; l'important, c'est de ne laisser perdre que le moins possible d'eau ; plus les cours de drains seront rapprochés, plus on recueillera d'eau.

Dans ces sortes de travaux, il y a bien des choses à observer et desquelles on ne peut pas s'écarter : dans chaque partie drainée, il faut apporter le plus grand soin à l'assiette générale des drains ; il faut que tous soient dans un même plan ; car si un cours était placé plus profondément que les autres, après une pluie, il fonctionnerait le premier en détruisant l'action des autres. Une pente trop faible, une courbe dans le sens vertical, des tuyaux mal roulés, des manchons trop irréguliers, toutes ces causes peuvent entraîner des engorgements dans les drains et les obstruer entièrement : le drainage dans un sol composé de sable est très-difficile.

Toutes les dispositions qui précèdent peuvent être appliquées aux propriétés particulières : ainsi le propriétaire d'une maison avec jardin peut recueillir toute l'eau qui tombe sur la terre, tout aussi bien qu'il recueille celle qui tombe sur les toits, et les réunir dans une citerne placée un peu au-dessous de l'assiette des drains ou dans un puits de peu de profondeur dont le fond sera recouvert de bonne terre glaise ou de maçonnerie. L'eau fournie par le drainage sera meilleure que celle donnée par les toits ; cette dernière lave les couvertures, emporte avec elle les détritus des matières végétales et animales déposés dans les chenaux et les tuyaux de descente ; l'autre, au contraire, se filtre en traversant le sol pour chercher les drains.

Comme on le voit, le drainage importé dans ce pays, et qui joue un si grand rôle dans l'agriculture, n'a pas encore dit son dernier mot ; il est susceptible de bien des applications; ce serait une occasion bien heureuse que de s'en servir pour alimenter d'eau douce et potable les villes qui en sont privées.

Les galeries souterraines ou réservoirs, bien établis dans le sol des rues principales de la ville, ne nuiront en rien à la distribution des eaux de l'Aa et des Dunes ; ce seront des réservoirs de plus qui permettront de supporter une disette plus longue; la construction devra être faite de manière à être utilisée avec les conduits de distribution destinés à l'eau jaillissante.

ARTICLE 10.

Choix à faire dans les différents moyens pour se procurer de l'eau.

Après avoir épuisé toutes les ressources que peut produire le pays pour se procurer de l'eau et tous les moyens de les distribuer dans Dunkerque ; après avoir traité de la manière de les rendre jaillissantes et filtrées dans les rez-de-chaussée des habitations, de la possibilité d'embellir nos places publiques par des fontaines à jets d'eau permanents et des bornes-fontaines, tant nécessaires à la salubrité publique, il reste à faire un choix, et ce choix ne peut-être fait que par l'autorité elle-même, une fois suffisamment éclairée ; car, quand il s'agit d'une dépense aussi considérable et d'une question d'hygiène, il faut savoir s'il y aura réussite, et si les moyens financiers de la ville rendent exécutable le projet qui sera adopté.

La première question, c'est de choisir entre les eaux du canal de Bourbourg et celles des dunes à l'est de Dunkerque, ou même celles provenant du drainage de la ville ; la deuxième, d'arrêter le mode de leur introduction en ville et de la distribution dans toutes les rues. Divers moyens ont été indiqués et assez détaillés pour éclairer ces diverses questions, une fois l'opinion bien fixée et arrêtée ; c'est sur eux que doivent porter toute l'économie, la commodité et la mise à l'abri de toute disette d'eau en temps de chômage des canaux ou de grande sécheresse.

Aujourd'hui, toute la population souffre ; à l'exception de ceux qui ont le bonheur d'habiter de grandes maisons, qui ont des citernes spacieuses et qui peuvent supporter le manque d'eau, c'est au secours de la classe qui est privée de ces avantages qu'il faut venir; il est de toute nécessité d'y mettre un terme, il faut, pour le bien de l'humanité, mettre le plus tôt possible la main à l'œuvre, afin de voir cesser la disette qui règne depuis si long-temps, et qui est si souvent répétée. Cette année se présente sous le plus mauvais aspect ; nous ne sommes encore que dans le mois de mars, et cependant l'eau manque partout : nos pompes publiques ne suffisent plus ; quelle sera donc la privation que nous éprouverons dans l'été, au moment des grandes chaleurs ? Qui sait ce qui pourra en résulter. Cet état de choses réclame impérieusement une solution à la question des eaux, solution promise depuis si long-temps. Déjà, en 1854, on s'occupait de ce projet ; on ne peut pas dire que c'est une nouveauté et des exigences populaires et capricieuses qui reviennent sans cesse harceler l'autorité. Elle a senti elle-même ce besoin, elle a pris l'initiative, le projet a été adopté, les formalités administratives viennent seules apporter obstacle au bien dont elle a le plus grand désir de doter la ville.

Si la dépense que nécessite cette grande amélioration, et qui doit être si salutaire à la ville et surtout à la classe laborieuse, est reconnue trop forte, elle peut facilement être divisée en deux chapitres, sans que l'un puisse paralyser l'autre :

1° Faire entrer en ville les eaux et les distribuer au moyen de pompes publiques.

2° Luxe et somptuosité, rendre ces mêmes eaux jaillissantes et filtrées.

Dans le premier chapitre, on donnera de l'eau à la population; pour se la procurer on devra la pomper, ce n'est là qu'une bien petite peine à laquelle chacun s'empressera de participer; si c'est l'eau du canal de Bourbourg que l'on accepte, son plan d'eau est 3m 64 au-dessus de la basse mer ; l'assiette des tuyaux de distribution devra être au-dessous de cette cote et se trouvera à une profondeur moyenne de 3m 50 au-dessous du sol. Si, au contraire, on s'arrête simplement aux eaux des dunes, on aura un plan d'eau de 6m 40 et par conséquent beaucoup plus avantageux ; l'assiette des tuyaux de distribution ne sera qu'à une profondeur moyenne de 1ᵐ 00 au-dessous du sol des rues, circonstance dont on pourra tirer parti pour avoir de l'eau jaillissante dans les parties basses de la ville avoisinant les quais et dans toutes les caves, au moyen d'un simple robinet qui sera mis en communication avec le tuyau longeant la rue, et cela sans avoir besoin d'avoir à établir une machine à vapeur élévatoire et de pourvoir à son entretien très-coûteux. Dans les quartiers élevés de la ville, les pompes n'auront que peu de hauteur à élever l'eau, et la manœuvre en sera d'autant plus facile.

Ces différences de niveau dans les deux plans d'eau doivent entrer pour une grande part dans la détermination à prendre avant de se prononcer sur le choix à faire ; c'est à ces considérations qu'on devrait se borner en ce moment ; c'est de l'eau dont a le plus pressant besoin qu'il faut, n'importe comment, jaillissante ou non.

La dépense du deuxième chapitre peut être remise à plus tard ; elle comprend le luxe dont on peut se passer pour le moment. Les travaux du premier chapitre seront organisés de manière à recevoir ce que la somptuosité voudra exiger par la suite pour la salubrité et les embellissements de la ville.

Si l'on se borne seulement à faire entrer en ville les eaux du canal de Bourbourg, et d'en faire usage au moyen de pompes, la distribution en ville, Basse-Ville, île Jeanty et la Citadelle, faite suivant le projet présenté et adopté en 1856, la dépense sera de . . . . F. 230,000
à laquelle somme il faut ajouter pour les siphons. 15,000
La dépense pour 50 pompes. 5,000
Et pour le supplément de dépense pour la profondeur des
tuyaux de distribution placés dans les rues. 30,000

Total pour le premier chapitre. . . . 280,000

Si l'on s'arrêtait aux eaux des dunes seulement, la dépense serait plus élevée, par rapport à l'établissement d'un watergand pour amener les eaux jusqu'à la queue des glacis et la différence dans les siphons d'introduction en ville ; mais, d'un autre côté, elle serait réduite par la moindre profondeur à donner à l'assiette des tuyaux de distribution, estimée ci-dessus 30,000 fr., et l'on peut estimer que l'augmentation serait d'environ 54,000 fr. Ce surcroît de dépense sera bien compensée par l'avantage d'avoir de l'eau jaillissante dans les parties basses de la ville, sans machine élévatoire, d'avoir les tuyaux à une très-faible profondeur dans le sol avec moins de pompes à entretenir et sans avoir à craindre le chômage des canaux. En résumé, ce serait une dépense de 334,000 fr. pour se procurer les eaux des dunes seules.

D'ailleurs, on reconnaîtra probablement, quand le moment sera venu, d'examiner la question du deuxième chapitre, la nécessité d'amener en ville les eaux du canal de Bourbourg simultanément avec celles des dunes. On ne reculera devant aucune dépense quand on verra de près quelles ressources offriront toutes ces eaux pouvant être élevées au moyen d'une seule machine hydraulique et distribuées dans les différents réservoirs placés sur les remparts. L'embellissement seul du parc de la Marine et de la belle place qui vient d'être érigée en face du barrage du bassin à flot, ornés de fontaines à sujets allégoriques surmontées de jets d'eau, vaudra ce supplément de dépense, et fera l'admiration des nombreux étrangers qui visitent notre ville.

En fin de compte, pour satisfaire aux besoins les plus pressants de la population, il s'agirait pour le moment de choisir entre la dépense de 280,000 fr. ou bien celle de 334,000 fr. C'est bien minime pour éviter quelquefois de bien grands malheurs et des fièvres épidémiques, comme on en a éprouvé toutes les fois qu'on a été privé d'eau fraîche ; pour procurer à la ville l'hygiène la plus salubre et pour écarter à toujours ce triste spectacle de voir des femmes, des filles et des hommes de tous âges attendre, pendant de longues heures, leur tour pour prendre de l'eau aux pompes publiques.

ARTICLE 11.

Entreprise de la fourniture des Eaux douces par une compagnie.

Si les ressources de la ville ne permettent pas à l'administration de se charger de la fourniture de l'eau à Dunkerque, que ne fait-elle un appel à la philanthropie et au réveil des capitalistes, en offrant en adjudication, pour une somme quelconque, une concession pour un temps plus ou moins long, avec des conditions jugées les plus avantageuses à la localité ; elle entendra les concessionnaires ; elle saura à quoi s'en tenir sur leurs prétentions, et elle sera éclairée sur cette importante affaire. Les habitants reconnaissants verront dans ce premier pas une grande preuve de sollicitude et de sympathie administrative, leurs craintes disparaîtront et ils pourront attendre avec patience.

Rendre à l'agriculture 1,300 hectares de dunes et garennes, et procurer en même temps à Dunkerque de l'eau douce en abondance, sans avoir à craindre jamais le chômage des canaux, semble une idée aussi rationnelle qu'avantageuse dans les résultats qu'elle pourrait procurer aux capitaux qui s'engageraient dans une pareille entreprise, surtout si l'on y joint, par la suite, les avantages que procurera le chemin de fer devant relier Dunkerque à Furnes.

Rendre à l'agriculture des terres incultes et improductives, c'est suivre l'exemple de Napoléon III. Donner de l'eau à ceux qui ont soif, c'est suivre les préceptes de l'évangile. Pour des faits semblables, on peut être assuré à l'avance d'être appuyé par l'autorité supérieure, et d'être encouragé par les autorités communales intéressées ; les communes qui possèdent des portions de dunes comprendront bien vite l'importance d'une pareille entreprise, et ne feront aucune difficulté de les céder à prix d'argent à une compagnie qui entreprendra cette grande amélioration. Les propriétaires riverains des dunes y sont les premiers intéressés ; ils perdront tout sujet de crainte d'envahissement des sables sur leurs terres, dont ils ont tant de peine à se défendre ; les capitalistes de Dunkerque ne laisseront pas échapper une si belle occasion d'être utile à la population, en montrant tout leur empressement à encourager par leurs capitaux une entreprise aussi importante, et qui doit contribuer d'une manière si avantageuse à l'amélioration de l'hygiène. Ils auront participé d'une manière louable et efficace à la salubrité générale du pays, changé son aspect misérable et bien mérité de la reconnaissance publique.

Je me suis assez étendu sur les généralités propres à la mise en culture des dunes et sur les différentes manières de fournir de l'eau douce à Dunkerque; ce qui m'occupe le plus, pour terminer la tâche que je me suis imposée, c'est d'atteindre le plus vite possible le but tant désiré par la masse de la population; de chercher par tous les moyens à réaliser mes vœux les plus ardents et de contribuer pour une faible part au bien-être de mes concitoyens. C'est à tous les honnêtes gens que je fais appel; c'est à eux que je viens demander aide pour le soulagement de la classe la plus digne d'intérêt, et qui souffre depuis si longtemps par la privation des eaux absolument nécessaires à ses besoins les plus urgents; c'est au bon cœur et à la conscience de nos administrateurs, à leur empressement déjà tant de fois éprouvé quand il s'agit de faire le bien public, que je m'adresse. Nous avons des propriétaires qui sont à même de se mettre à la tête d'une compagnie, qui y sont intéressés, non seulement comme propriétaires et industriels, mais avant tout par leur ardent amour du progrès, du bien public et de la prospérité de la classe ouvrière. Que ces propriétaires s'adjoignent des hommes qui ont l'habitude de manier les finances, qui connaissent à fond les rouages d'une administration, tel que M. Auguste Petyt, par exemple, qui a aussi, lui, un intérêt direct dans la question, et qui a déjà fait preuve d'une grande sympathie pour cette amélioration, en faisant l'offre gratuite du terrain nécessaire aux cours d'eau à établir le long de la voie ferrée. Ces hommes honorables sauront bien vite vaincre toutes les difficultés et organiser une compagnie, sans sortir de la localité; ils doteront la ville d'un bienfait inexprimable et qui surpassera en grandeur tout ce qui a été fait jusqu'à présent; ils contribueront à l'amélioration de la salubrité publique, à l'ornement et à l'embellissement de tous les quartiers de la ville; ils s'immortaliseront par une œuvre du plus haut intérêt, que les générations futures ne sauront oublier. Heureux les hommes éminents qui auront pris l'initiative de ce grand événement qui doit faire époque à Dunkerque; bienheureuse l'administration locale qui aura l'occasion de concourir par son appui et son encouragement à une œuvre d'une telle importance; leurs noms seront bénis, tous auront bien mérité de la reconnaissance publique.

Pour bien faire apprécier et démontrer la possibilité de former une compagnie ou société pour l'accomplissement de ce projet, sans qu'il soit besoin d'en exalter à l'avance les résultats, il est bon, je crois, de poser quelques chiffres pour faire mieux voir l'importance approximative de la dépense à faire.

ARTICLE 12.

Dépense pour fournir et distribuer dans tous les quartiers de la ville les eaux du canal de Bourbourg, rendues jaillissantes et filtrées.

1° Etablissement de deux siphons, l'un sous le canal de Bergues, l'autre sous la fortification pour l'entrée des eaux en ville F.   15,000

2° Machine hydraulique élévatoire de la force de 16 chevaux 16,000

3° Accessoires, pour idem 4,000

4° Bâtiments d'exploitation. 8,000

5° Cinq réservoirs contenant ensemble 30,000 hectolitres d'eau. 120,000

6° Tuyaux de distribution dans toutes les rues de la ville et de la Basse-Ville, etc. 200,000

7° Idem pour le Jeu-de-Mail, le chemin de fer, l'île Jeanty et la Citadelle 30,000

8° 180 bornes-fontaines disséminées. 27,000

Total de la dépense pour avoir de l'eau jaillissante du canal de Bourbourg. 420,000

ARTICLE 13.

Dépense pour introduire en ville les eaux des dunes à l'est de Dunkerque.

1° Siphons pour l'introduction en ville à travers les fortifications, Cunette, etc. . . . . F.   30,000

2° Watergand longeant les Dunes. 40,000

3° Embranchement pour la mise en communication avec l'intérieur des dunes et le canal de Furnes. 20,000

4° Travaux d'art pour éclusettes, aqueducs, etc. . . 20,000

Total pour les eaux des dunes seulement. . . . 110,000

Pour faire disparaître tout sujet de crainte de manque d'eau dans les temps de chômage des canaux, il sera bon d'introduire en ville les eaux des dunes en même temps que celles du canal de Bourbourg ; la dépense pour ce supplément d'abondance mettra la population à l'abri de tout événement.

La dépense déjà calculée ci-avant pour les eaux du canal de Bourbourg et la distribution en ville étant de . . 420,000

La dépense totale pour les eaux du canal de Bourbourg et celles des dunes sera de. 530,000

Dans cette somme de 530,000 fr. ne figure pas celle relative aux robinets de distribution pour les différentes prises d'eau particulières ; ces dépenses doivent être fixées par l'administration concessionnaire, suivant la variété des goûts, l'élégance qu'on apportera à leurs formes, suivant les exigences des demandeurs ; le plus ou moins de difficulté pour l'introduction des eaux, etc., etc.

Ces dépenses doivent être supportées naturellement par ceux qui prendront des abonnements de prise d'eau. Ne sont pas comprises non plus les dépenses d'entretien de tout le système et de la mise en œuvre de la machine élévatoire, évaluées pour mémoire à 20,000 fr., suivant les détails ci-après, empruntés au rapport fait au Conseil municipal le 6 septembre 1856.

Charbon, 365 jours, à 28 fr. 80 c. l'un . . . . . . .F. 10,512
Salaire d'un mécanicien 1,200
Salaire de deux chauffeurs 1,800
Menu frais d'entretien de la machine 1,200
Salaire d'un gardien distributeur . . . .'. 1,000
Entretien des conduits sur 10 kilomètres à 200 fr. par kilomètre, prix adopté à Paris 2,000
Détérioration des machines, perdition et variation dans le combustible 2,288

Total 20,000

La suppression de châteaux d'eau remplacés par les réservoirs construits sur les remparts permettront de réaliser une économie assez forte sur cette somme par la suppression d'un travail continu. Les abonnements aux prises d'eau et la subvention faite par la ville viendront largement couvrir ces dépenses, et assurer l'intérêt des capitaux engagés.

C'est donc une dépense de 530,000 fr. qu'il s'agit de faire pour fournir de l'eau à Dunkerque avec une abondance telle, qu'elle n'en pourra jamais manquer, et pour préparer la mise en culture de 13,000 hectares de terre inculte ; par cette dépense, la communication par eau des dunes est en partie établie ; reste la dépense pour l'achat des dunes. Celles appartenant à M. G. Malo, et provenant de Dunkerque, ont été vendues sur le pied de 77 fr. l'hectare ; reste aussi la dépense à faire pour fixer les sables du côté de la mer, la construction des bâtiments d'exploitation, l'achat des bestiaux, des instruments agricoles, etc., etc. ; mais aussi, il faut compter sur un revenu pour les premiers produits des cavées, évaluées à plus de 100 hectares, qui peuvent être cultivées de suite, et d'autres parties pouvant être mises à l'état de bons pâturages moyennant quelques fumures.

On doit fonder peu d'espérance sur le résultat de trouver de l'eau en suffisante quantité par des puits artésiens ; les différentes opérations expérimentées par M. Gautherot, hydroscope, n'ont abouti qu'à démontrer l'impossibilité de s'en procurer par ce moyen. Ensuite, les expériences qui viennent d'être faites à Ostende (Belgique), ne sont pas plus concluantes : le forage avait atteint 175 mètres de profondeur, et la somme de 70,000 fr. y avait été dépensée; les résultats obtenus étaient les suivants :

1° Avec un tube de 0^m 28, on a constaté à 1^m 09 de profondeur au-dessous du sol une vitesse de 1/2 litre par minute, ou 7 hectolitres 20 litres par 24 heures.

2° A 1^m 08 au-dessus du sol avec un tube de 0^m 15, l'eau a monté avec une vitesse de 580 litres par heure, ou 139 hectolitres 20 litres par 24 heures.

3° On a essayé avec un tube de 3^m 40 au dessus du sol; mais, dans ce cas, la vitesse n'était plus appréciable : l'eau était potable.

Il ne faut donc pas compter sur ce moyen pour réaliser des économies, puisque, pour un aussi faible résultat, il a déjà été dépensé une somme considérable. Maintenant qu'on est arrivé à une grande profondeur, le forage coûtera beaucoup plus ; il est plus lent ; il sera bientôt rendu impraticable par la dépense énorme qu'il faudra y consacrer. On perdra patience, comme dans presque toutes les tentatives de ce genre ; on abandonnera le travail quand on sera près d'en atteindre le but. Certes, dans le cas de réussite, ce serait une bien belle acquisition que de trouver une source intarissable pour alimenter une localité telle que Dunkerque ; la dépense serait favorablement compensée par les avantages. Mais, dans le cas contraire, combien on regretterait les fonds enfouis et abandonnés ! Avec ces mêmes fonds, mieux employés et avec certitude, on aurait pu se procurer de l'eau par les moyens indiqués. Il ne serait donc pas prudent à une compagnie de compter sur un moyen aussi douteux, et d'ailleurs, en supposant encore qu'on trouvât de l'eau jaillissante, aura-t-on la certitude d'en avoir toujours en abondance ? L'eau sera-t-elle bonne et saine ? C'est toujours là une question pendante.

Les eaux du canal de Bourbourg et celles des dunes étant reconnues bonnes et saines, assurent pour toujours à la ville de Dunkerque une quantité d'eau plus que nécessaire, non-seulement pour les besoins domestiques, mais aussi pour ceux de la marine et des industriels ; elles assurent aussi l'alimentation des nombreuses bornes-fontaines disséminées dans toutes nos rues et des monuments à jets d'eau continus pour les embellissements de nos promenades publiques.

ARTICLE 14.

Consommation des eaux par les habitations particulières.

D'après le rapport fait au Conseil municpal en 1856, la ville possède 2,500 maisons ainsi divisées, par rapport au revenu imposable :

  625 maisons imposables au-dessous de 100 francs.
  900   id.   entre 100 et 200 francs.
  700   id.   entre 200 et 400 francs.
  200   id.   entre 400 et 600 francs.
   75   id.   entre 600 et au-dessus.

2,500 maisons qui prendront des abonnements de prise d'eau directe, suivant leur importance, ce qui formera les produits annuels et qu'on pourrait apprécier sans exagération comme il suit, en prenant, en partie, pour base, ce qui a été dit dans le rapport fait au Conseil municipal en 1856. C'est à dire que les prix qui suivent seront appliqués au tiers des maisons, dans chaque classe imposable.

  208 maisons avec un abonnement de 15 fr., ci . . . .   3,120.
  300   id.   de 20 fr., ci . . . .   6,000.
  233   id.   de 25 fr., ci . . . .   5,825.
   67   id.   de 30 fr., ci . . . .   2,010.
   25   id.   de 35 fr., ci . . . .   875.
  ─────   ───────
  833 maisons qui produiront . . . . 17,830.

                                    A reporter. . . . . . 17,830.

	Report.	17,830.

A quoi il convient d'ajouter :

150 maisons avec jardins, à 5 fr. l'an.	750.
100 maisons pour bains, à 5 fr. l'an	500.
6 industries à 250 fr. l'une	1,500.
Le chemin de fer	1,000.
Eau pour navire à 0,10 l'hectolitre.	1,420.
Total.	23,000.

Il reste deux autres tiers, 1,667 maisons dont le rapport ne parle pas, et qui, cependant, prendront aussi des abonnements et qu'on pourrait diviser en dix classes.

167 maisons à 10 fr.	1,670.
167 id. à 8	1,336.
167 id. à 7	1,169.
167 id. à 6	1,002.
167 id. à 5	845.
167 id. à 4	668.
167 id. à 3	501.
166 id. à 2	332.
166 id à »	».
166 id. à »	».
1,667 recettes présumées.	30,513.

NOTA. Depuis la publication de ce dixième chapitre, des recherches ont été faites sur le meilleur mode à employer pour les irrigations du territoire watringué ; ces recherches ont fait découvrir un nouveau moyen d'alimentation pour la ville de Dunkerque par les eaux prises directement dans l'Aa et dans les dunes, à l'ouest ; ce moyen sera développé à l'article 1er du chapitre XII.

CHAPITRE XI.

OBSERVATIONS

Pour aider à la solution de quelques questions posées par la Société Française d'archéologie.

PRÉAMBULE.

Il est inutile de remonter à tout ce qui a déjà été dit sur l'insalubrité du pays, toutes les fois qu'il y a eu disette d'eau ; cette calamité se répète souvent, et principalement depuis quelques années, où nous avons des sécheresses extraordinaires ; il a d'ailleurs été reconnu bien des fois que si l'on pouvait renouveler les eaux à temps dans les nombreux ruisseaux qui sillonnent le territoire inférieur de l'arrondissement, on n'aurait pas à craindre les effets déplorables de l'invasion des fièvres intermittentes et typhoïdes que nous avons subies en plusieurs circonstances. Pour parer à cet état de choses, il faut donc chercher les moyens les plus efficaces pour le renouvellement des eaux et pour débarrasser le pays des eaux corrompues.

Afin de mettre un peu d'ordre dans la description qui va être faite, et aussi pour éviter toute confusion, on suivra l'ordre des sections des Wateringues : on y est d'ailleurs entraîné par la différence des moyens qu'a chaque section pour s'assainir.

ARTICLE 1er.

1re SECTION DES WATERINGUES, SOUS LE RAPPORT DU DESSÈCHEMENT ET DE SON IRRIGATION.

Son territoire est renfermé du nord par la mer, du sud par le canal de Bourbourg, de l'ouest par la rivière de l'Aa et de l'est par Dunkerque.

Sa surface est de 9,298 hectares.

Le plan de comparaison pour les cotes de nivellement, passe sur le busc de l'écluse de la Cunette à Dunkerque, supposé zéro, qui est la basse mer.

Première partie comprise entre la mer, la route impériale n° 40, le chenal du port de Gravelines et les fortifications de Dunkerque.

DESSÈCHEMENT. Cette partie du territoire est la plus élevée de la section, après le versant sud des dunes ; il est sillonné de ruisseaux nommés watergands par où s'écoulent les eaux des dunes et du territoire même, pour se jeter dans le canal de Bourbourg, coté 3m 64 au-dessus de la basse mer, après avoir fait un parcours moyen de 8 kilomètres ; elles sont ensuite versées dans le canal de ceinture à Dunkerque par le sas du Jeu-de-Mail, dont la cote est 2m 49 ; de là, elles pass'ent à la mer par le canal de dérivation. Ce grand parcours de 8 kilomètres pour arriver au canal et ensuite la longueur de ce canal, tout cela apporte un retard très-préjudiciable au dessèchement et nuit à la salubrité du pays par le long séjour que font ces eaux sur la terre quand elles commencent à se corrompre; en se jetant dans le canal de dérivation, elles traversent le canal de ceinture, repoussent les eaux stagnantes dans le canal de Mardick en lui formant un barrage à l'entrée des eaux dans le canal de dérivation, et contribuent à rendre celles-ci on ne peut plus insalubres. Le Mardick n'est sujet à aucune navigation, il n'a pas d'issue à son extrémité qui se trouve au fort Mardick. C'est le reste d'une communication par eau pour le passage des vaisseaux de guerre; il a été creusé sous le règne de Louis XIV au commencement du XVIIIe siècle; sa grande surface, ses eaux stagnantes qui sont en libre communication avec le canal de ceinture de Dunkerque, sont autant de causes de maladies qui se renouvellent malheureusement trop souvent sur ses rives; ce serait donc par son extrémité ouest qu'il faudrait faire passer les eaux dans les tirages à la mer, afin que celles-ci poussent les mauvaises en avant pour les jeter dans le canal de dérivation et de là à la mer.

Les eaux produites par cette partie de territoire proviennent des dunes, elles sont douces et potables; elles s'écoulent par de nombreux watergands qui communiquent les uns avec les autres et avec le Mardick-Gracht qui est le plus important; d'autres watergands dans la partie inférieure, à l'ouest et à l'est de celui-ci, y versent aussi leurs eaux pour tomber dans le canal de Bourbourg. Il eût été à désirer que toutes ces eaux s'écoulassent par le Noort Gracht n° 70 pour être versées dans le canal de Mardick, afin de pousser devant elles les eaux qui y croupissent. Ce canal est d'ailleurs coté $1^m 15$ plus bas que le canal de Bourbourg, ce qui offre un très-grand avantage, et les eaux se seraient écoulées beaucoup plus vite, le parcours étant moins long.

Pendant long-temps la commission hygiénique de Dunkerque s'était préoccupée de l'insalubrité des rives du canal de Mardick, attribuée aux eaux croupissantes qui y sont renfermées sur un fond vaseux et qui occasionnent chaque année de sécheresse des épidémies de fièvres intermittentes qui ne disparaissent qu'après la saison des chaleurs; la population en était effrayée, il fallait apporter un changement à cet état de choses, l'administration de la première section des Wateringues justement émue, et se préoccupant sans cesse de l'amélioration de son territoire, s'en est préoccupée sérieusement; son conducteur spécial des travaux, M. Vercoustre, fut chargé de trouver un moyen pour faire disparaître cet état de choses, en le rattachant au dessèchement. Après en avoir étudié scrupuleusement toutes les parties dans leurs plus menus détails, il a senti le besoin de créer un nouveau watergand partant du Noort-Gracht n° 70 et de le faire déboucher dans le canal de Mardick vers son extrémité ouest, au moyen de deux vannes placées en amont et en aval d'un aqueduc traversant la route impériale n° 40; ce nouveau travail donne un nouveau débouché très-avantageux pour le dessèchement qui se trouve $1^m 15$ plus bas que celui par le canal

de Bourbourg; il permet de renouveler les eaux corrompues du canal.
il fait disparaître l'insalubrité dont on ne pouvait se rendre maître, et
c'est un grand service rendu aux habitants des deux rives de ce canal
et de Petite-Synthe. Il serait à désirer que toutes les eaux de la section pussent se rendre à la mer en pénétrant dans le canal de Mardick
par son extrémité ouest, au lieu d'y arriver par le canal de Bourbourg, dont le plan d'eau est plus élevé de $1^m 15$, comme il vient d'être
dit dans le paragraphe précédent.

Irrigation. La hauteur du sol par rapport au plan d'eau de la rivière de l'Aa ne permet pas le renouvellement des eaux dans les watergands au nord de la route impériale; ils sont alimentés par les eaux
d'infiltration et celles provenant des dunes.

Deuxième partie renfermée par la route impériale n° 40, la rivière de l'Aa et le canal de Bourbourg.

Dessèchement. Cette partie du territoire de la première section des
Wateringues se trouve plus basse que la précédente, les watergands
qui servent au dessèchement se dirigent en partie du nord au sud, et
de l'ouest à l'est, pour jeter leurs eaux dans le canal de Bourbourg qui
est coté $3^m 64$ au-dessus de la basse mer; la hauteur des eaux de ce
canal dans les grandes crues est souvent cause que le terrain s'inonde
et que le dessèchement se fait lentement; de là encore se fait sentir
le besoin de l'écouler par un point plus bas qui est le canal de Mardick, au moyen de la nouvelle écluse qui vient d'être construite, d'une
autre ayant un radier aussi bas que le fond de ce canal, qui serait placée tout à fait à son extrémité ouest et qui serait mise en communication avec le Noort-Gracht n° 70.

Les watergands sont nombreux dans cette partie du territoire, un
grand nombre se jettent dans le Noort-Gracht n° 70, d'autres dans l'Aven
n° 55. Les watergands à l'ouest du chemin caillouté de Gravelines à
Bourbourg, jettent leurs eaux partie dans le Biez en amont du sas de
Bourbourg, dont la cote du plan d'eau est $4^m 54$, et une autre partie
dans le Biez en aval du même canal dont le plan d'eau est coté $3^m 64$.

Les nombreux détours que font les watergands et le peu de différence qui existe dans leur plan d'eau avec celui du canal, sont autant
de motifs sérieux de la lenteur apportée dans le dessèchement; si toutes ces eaux étaient mises en communication avec le Noort-Gracht suffisamment élargi et approfondi, et celui-ci avec le Mardick, comme il
a déjà été dit, et avant ou avec le canal de Bergues au moyen d'un
siphon placé sous le canal de Bourbourg, on obtiendrait un second
débouché qui se trouverait coté $1^m 15$ plus bas et d'une grande puissance pour se débarrasser promptement des eaux surabondantes dans
les inondations.

Irrigation. L'irrigation se fait avec les eaux de la rivière de l'Aa, les
eaux de cette partie du territoire sont facilement renouvelées dans les
parties basses; mais les terres élevées s'en trouvent privées, l'eau du
canal de Bourbourg pénètre dans les watergands par des éclusettes placées sur la rive gauche, et par d'autres placées sur la rive droite de
la rivière de l'Aa; ces eaux sont pures et saines, le territoire en est

abondamment pourvu, si ce n'est en été, à cause du moindre produit de la rivière de l'Aa.

Quand les eaux dans les watergands commencent à se corrompre, et qu'il faut les rafraîchir, celles renouvelées directement par la rivière de l'Aa sont efficaces ; mais celles produites par le canal de Bourbourg, quoique bonnes et saines, ne donnent pas le même résultat; au contraire, ces eaux pénétrant par les débouchés placés sur la rive gauche du canal, sont obligées de remonter contre nature le cours des watergands, en refoulant devant elles les eaux corrompues, les vases, les plantes aquatiques et toutes sortes de matières malsaines qui nuisent considérablement à la salubrité publique.

Pour améliorer le système d'irrigation, il y aurait quelque chose à faire, et la disposition du sol s'y prête merveilleusement, si l'on n'avait pas à craindre les dépenses, qui cependant seraient diminuées par la disposition des watergands qu'on peut mettre en communication, et par une subvention qui serait probablement faite par la ville de Dunkerque pour son alimentation particulière, comme on le verra par la suite.

L'eau serait prise directement dans l'Aa, par une éclusette qui se trouve placée sur le Schelwliet, à environ 500 mètres au sud de Gravelines, ou à quelques kilomètres plus loin, si l'on a à craindre le voisinage de la mer; elle serait conduite à Loon au moyen des nombreuses ramifications des watergands qui existent dans cette partie du territoire. Là, au moyen d'un nouveau watergand, on lui ferait parcourir une ligne parallèle à la route Impériale n° 40, jusqu'à Dunkerque; ce watergand se trouverait dans la partie la plus élevée qui est au nord; à chaque rencontre des watergands se dirigeant vers le sud, on construirait des barrages éclusés pour retenir les eaux et pour donner des chasses quand il s'agirait de rafraîchir les eaux des watergands inférieurs; par ce moyen, elles chasseraient en avant et en descendant toutes les matières malsaines dans les canaux de dessèchement, qui les évacueraient à la mer; le balayage des watergands serait complet, on se serait débarrassé entièrement de tout ce qu'il y a d'impur et d'insalubre, et l'hygiène y gagnerait sensiblement. La dépense d'eau faite par la rivière de l'Aa serait aussi moindre, par la raison que les watergands seraient bien nettoyés chaque fois qu'on renouvellerait les eaux et qu'elles seraient susceptibles de se conserver beaucoup plus longtemps.

Le nouveau mode d'irrigation qui vient d'être décrit pourrait convenir à la ville de Dunkerque pour son alimentation intérieure ; elle prendrait directement ses eaux dans la rivière de l'Aa, qu'on amènerait jusqu'aux portes de la ville à ciel ouvert, au moyen d'un nouveau watergand qui longerait, comme il vient d'être dit, la grande route. On joindrait à ces eaux toutes celles provenant des dunes de l'ouest, qui sont douces et de bonne qualité; ces eaux auraient pour plan de niveau celui de la rivière, qui est coté 4^m 94 en amont de Gravelines; au moyen de divers conduits, elles se reproduiraient en ville à la même cote; elles se trouveraient partout à environ 2^m 00 sous le pavé des rues. On aurait moins à faire pour les élever et les rendre jaillissantes que prises dans le canal de Bourbourg, au Grand-Tournant, qui a son plan d'eau coté 1^m 30 plus bas; ensuite elles seraient plus pures et sans aucun mélange avec les eaux marécageuses des terres basses.

Cette question est tout à fait nouvelle pour l'alimentation de la ville de Dunkerque par les eaux douces; les travaux d'amélioration pour l'irrigation entraînent cette conséquence qui ne sera peut-être pas indigne d'être prise en considération par la ville de Dunkerque. On complétera les détails dans un article spécial, chapitre XII, article 1er.

ARTICLE 2.

2e SECTION DES WATERINGUES, SOUS LE RAPPORT DE SON DESSÈCHEMENT ET DE SON IRRIGATION.

Son territoire est renfermé au nord par le canal de Bourbourg, à l'ouest par la rivière de l'Aa, au sud par la Haute-Colme et à l'est par le canal de Bergues.

Sa superficie est de 10,189 hectares.

Tout ce territoire est sillonné de watergands; les uns versent leurs eaux dans le canal de Bourbourg, les autres dans la Haute-Colme, et la plus grande partie dans le canal de Bergues.

DESSÈCHEMENT. Les watergands à l'ouest du sas de Lynck et de la Vieille-Colme, ont plus d'avantage à verser leurs eaux dans le canal de Bourbourg, le Vliet à Copenaxfort, dont le plan d'eau est 0^m 87 plus bas que celui de la Haute-Colme en amont de Lynck, et ont un moins long trajet à faire pour se rendre à la mer. A l'est de Lynck, les eaux se versent dans le canal de Bergues par le Langhe Gracht n° 4 et par le Rocammerdick n° 1. Le canal de Bergues a son plan d'eau 0^m 76 plus bas que la Haute-Colme en aval de Lynck. Le dessèchement se fait bien, il est à regretter qu'il soit un peu lent; il y aurait quelque chose à faire pour pouvoir se débarrasser plus vite des eaux dans les temps d'inondation : il faudrait donner une bonne largeur au Langhe-Gracht, le mettre en communication avec les eaux de la Vieille-Colme pour recevoir celles des watergands à l'ouest qui se jettent dans le canal de Bourbourg; le parcours serait moins long, le débouché dans le canal de Bergues se trouve très-favorable, et je crois que le conducteur de cette section s'occupe d'un projet pour atteindre ce but.

IRRIGATION. L'irrigation comprend l'état sanitaire de ce territoire, c'est une partie aussi des plus importantes à traiter.

Quand les eaux commencent à se corrompre, on les renouvelle au moyen des éclusettes placées sur la rive droite du canal de Bourbourg et sur la rive gauche de la Haute-Colme; cette disposition des deux canaux, qui forment les deux côtés du territoire, est très-avantageuse pour le renouvellement des eaux; par le Langhe-Gracht, on se débarrasse des mauvaises en même temps qu'on en prend de nouvelles dans le canal de Bourbourg et dans la Haute-Colme; les premières se trouvent chassées en descendant vers le canal de Bergues, et emportent avec elles tout ce qu'elles ont d'impur. La partie à l'ouest de la Vieille-Colme est irriguée par des prises d'eau dans le canal de Bourbourg, par la Haute-Colme, en amont du sas de Lynck et par la rivière de l'Aa directement.

Malgré les soins que l'on donne aux tirages des mauvaises eaux quand il s'agit de les renouveler, il en reste toujours assez pour nuire aux nouvelles et les rendre insalubres.

Pour compléter l'irrigation et la rendre avantageuse, les travaux d'élargissement du Langhe-Gracht, demandés pour un prompt dessèchement, seront d'un grand secours ; ce watergand prendrait directement des aux fraîches dans la rivière de l'Aa; il deviendrait une grande artère dans laquelle on pourrait établir un courant, d'autant plus rapide que la pente de l'Aa où il commencerait, jusqu'au canal de Bergues, serait d'environ 2^m 40; ces eaux, si elles n'avaient pas à subir les conséquences du dessèchement, de l'irrigation, et l'obligation d'un séjour plus ou moins long dans un terrain bas et en communication avec des ruisseaux envasés et remplis de matières végétales, seraient excellentes pour l'alimentation de Dunkerque; mais il faudrait, pour cela, les rendre indépendantes du grand nombre de watergands qui y jettent leurs eaux, en formant des barrages éclusés sur les deux rives; on les ferait arriver à Dunkerque en longeant le chemin de fer, ou en les faisant passer sous le canal de Bergues par un siphon placé près et au nord du Bernardsleet, qui se trouve en communication avec le watergand d'arrosement qui alimente actuellement la ville.

C'est encore une nouvelle question à étudier pour l'alimentation de Dunkerque par les eaux prises directement dans la rivière de l'Aa. On pourrait, dans les moments de tirages à la mer pour le dessèchement, diviser les eaux, pour qu'une partie se jette dans le siphon et l'autre dans le canal de Bergues par l'écluse des Sept-Planètes.

Ce système, tout en étant praticable, apporterait une grande perturbation dans celui du dessèchement de cette section, qui a déjà beaucoup de peine à se débarrasser de ses eaux, malgré ses deux débouchés du Langhe-Gracht et du Rocammerdick ; ce dernier débouché reçoit les eaux d'un bassin qui se trouve le plus bas de la section; sa surface, inondée dans les grandes crues, est d'environ 500 hectares.

Par les travaux à faire pour la bonne irrigation du territoire de la 1re section des Wateringues, nous avons fait voir comment on pourrait alimenter la ville de Dunkerque par les eaux prises directement dans l'Aa; le premier système, passant par Loon, est préférable à celui-ci, en ce que les eaux n'auront pas à subir l'influence du dessèchement, et qu'en même temps on pourra recueillir toutes les eaux du territoire, au nord de la route Impériale n° 40, y compris celles des dunes de l'ouest jusqu'à Gravelines, de sorte que, en temps d'une baisse considérable des eaux de l'Aa, on aurait encore celles des dunes.

ARTICLE 3.

3° SECTION DES WATERINGUES, SOUS LE RAPPORT DU DESSÈCHEMENT ET DE SON IRRIGATION.

Son territoire est renfermé, au nord, par la Haute-Colme; à l'ouest, par l'Aa; au sud, par la limite du terrain élevé, et à l'est, par la ville de Bergues et la route Impériale.

Sa superficie est de 8,509 hectares.

Ce territoire est celui des quatre sections qui à le moins de water-gands pour son dessèchement ; mais ils ont tous une importance par la grande affluence des eaux qui y arrivent en temps de crue et qui sont fournies par les terrains élevés situés au sud ; la crête des terres hautes suit une ligne qui commence à Watten, passe par Merckeghem, Bollezeele, Zegerscappel, Bissezeele et Quaedypre.

DESSÈCHEMENT. La largeur des watergands est souvent insuffisante pour la grande quantité d'eau qui y afflue, et par le peu de ressources qu'on obtient de la Haute-Colme dans les moments d'inondation ; son plan d'eau étant souvent trop élevé, le dessèchement se fait lentement et le pays en souffre considérablement. Les débouchés, quoique nombreux, ne suffisent pas. L'administration de cette section de Wateringues, afin de pouvoir se débarrasser de ses eaux surabondantes, sans avoir recours à la Haute-Colme, a eu l'ingénieuse idée de faire construire un siphon qui passe sous cette rivière en amont de Bergues, qui jette les eaux dans le canal de Bergues en passant par la fortification de cette place, et pour ne pas se priver du service du canal de Pitgam qui verse une bonne quantité d'eau dans la Haute-Colme, elle a également fait placer un second siphon sous ce canal pour y faire passer les eaux fournies par les watergands de l'ouest ; de cette manière, les eaux qui se jetaient dans la Haute-Colme en aval du sas de Lynck, et qui n'avaient que peu de chute, en ont aujourd'hui une grande qui permet l'évacuation beaucoup plus rapidement, aussitôt que le canal de Bergues se trouve à la cote officielle de navigation.

C'est à ces dispositions heureuses qu'aujourd'hui ce territoire doit de se trouver promptement débarrassé de ses eaux sans gêner en rien le cours de la Haute-Colme. Quand la hauteur des eaux du canal de Bergues est favorable au tirage en grand par le siphon, il s'établit un courant dans les avant-fossés et le fossé du corps de place qui les fait baisser rapidement et momentanément jusqu'à ce que les eaux de la section aient eu le temps de descendre ; ce courant emporte tout ce qu'il y a de matière en suspension dans les eaux, les rend plus limpides et plus saines ; il emporterait également toutes les eaux sur les canaux souterrains, si l'on avait la précaution d'ouvrir l'écluse de Nékerstoor pendant tout le temps que les eaux sont basses.

Un avantage bien précieux qu'on peut tirer de ce siphon pour la salubrité publique, c'est de pouvoir vider entièrement les fossés des fortifications, pour en renouveler les eaux quand elles commencent à se corrompre, et cela sans nuire à la navigation ni à l'irrigation de la 3e section, qui ferait établir des barrages éclusés aux watergands qui débouchent dans les avant-fossés, comme il vient d'être dit ; on se débarrasserait des eaux des canaux souterrains de la ville, en les faisant passer par l'écluse Nékerstoor et de là dans le canal de Bergues en passant par le siphon, sans avoir à craindre de corrompre les eaux de ce canal, qui n'ont d'autre utilité que celle de la navigation, tandis qu'aujourd'hui, par la fâcheuse disposition de l'écluse de la Jardinière, les eaux sales et malsaines des canaux souterrains sont jetées dans la Basse-Colme qui est la seule ressource pour l'alimentation de toute une population qui se trouve sur une étendue de 10 kilomètres de longueur et 6 de largeur, et occasionnent des maladies pernicieuses qui font un tort considérable au pays. Pour s'en convaincre, il ne faut que parcourir la chaussée qui longe le canal quelques jours après l'évacuation des eaux souterraines de Bergues, on y verra les eaux du canal couvertes par les cadavres de poissons en putréfaction, qu'il est très-difficile de faire évacuer à la mer sans une grande perte d'eau au détriment de la rivière de l'Aa.

Ce changement serait très-heureux pour le pays, s'il était bien compris et les effets ménagés avec soin. Pour en faire connaître la possibilité d'exécution, il suffit de jeter un coup-d'œil sur la disposition des canaux souterrains et sur les cotes des radiers de leurs issues par rapport au zéro de la basse mer ; ces canaux sont recouverts sur tout leur parcours, ils ont actuellement trois issues qui sont mises en communication avec une galerie d'enveloppe qui court parallèlement aux rues des Dunes, du Commandant, du Marché-aux-Pommes, de la Petite et de la Grand'Place ; il y a en outre plusieurs impasses qui conduisent à diverses industries plus ou moins insalubres.

La 1re issue est à la porte de Cassel, son radier est coté 1m 78
La 2e issue dite de la Jardinière, près de la porte d'Hondschoote 1m 67
La 3e issue dite de Nékerstoor 1m 59

Une 4e issue existait autrefois, on la nommait l'écluse du Marché aux Fromages ; elle débouchait dans la Haute-Colme, à quelques mètres en amont de l'écluse de Lunegatte.

C'est par cette écluse que se vidaient anciennement les canaux souterrains de la ville, pour se jeter de suite dans le bassin de Lunegatte et de là dans le canal de Bergues ; depuis sa suppression, les eaux de la Basse-Colme sont insalubres et malsaines.

Il résulte des différentes cotes des radiers ci-dessus, que c'est celui de Nekerstoor qui se trouve le plus bas, c'est-à-dire qu'il est 0m 19 plus bas que celui de la porte de Cassel, et 0m 08 plus bas que celui de l'écluse de la Jardinière ; de sorte que si les eaux doivent s'écouler par le radier le plus bas, ce qui, du reste, est fort naturel, ce doit être par celui de Nekerstoor, et rien ne serait plus facile et avantageux pour le pays. Le siphon placé par la 3e section des Wateringues, sous la Haute-Colme, s'y prête on ne peut mieux ; il suffirait, comme je viens de le dire, de vider les fortifications, de tenir les écluses de la porte de Cassel et de la Jardinière fermées, toutes les eaux sortiraient par celle de Nekerstoor, qui a son débouché sur le fossé du corps de place et son radier le plus bas, ce qui permettrait, si les canaux étaient bien dévasés, de les vider entièrement, et c'est ce qu'il n'est pas possible de faire par les autres issues qui se trouvent plus élevées. Ces eaux, en sortant par cette écluse, longeraient une partie du fossé du corps de place pour gagner le siphon et se jeter dans le canal de Bergues, qui se trouve disposé pour cet usage et en aval de la Basse-Colme, et, au moyen d'une seconde chasse donnée avec des eaux fraîches, on nettoierait complètement les canaux souterrains, et le pays, depuis Bergues jusqu'à la frontière belge, n'aurait plus à souffrir du mélange des eaux sales et malsaines avec celles de la Basse-Colme.

Le quartier de la porte d'Hondschoote, où se trouve l'écluse de la

Jardinière, et par laquelle on est dans la funeste nécessité de vider
les canaux souterrains, est très-malsain, par suite des émanations
qui s'échappent des eaux sales et corrompues; elles se trouvent à découvert dans la traversée depuis l'écluse jusqu'à la porte d'Eau, sur
une longueur de 60 mètres environ; ensuite et après s'être mêlées avec
les eaux de la Basse-Colme, elles passent, et toujours à découvert, en
avant de la porte d'Hondschoote, traversent le bassin de Lunegatte et
le port, en longeant les quais sur une longueur d'au moins 600 mètres, envasent considérablement le port, qui a son fond recouvert
d'une couche épaisse d'immondices pestilentielles, provenant de la
ville, et qui forme souvent un obstacle pour le passage des bateaux,
tandis que si l'on vidait les canaux souterrains par la seule issue qui
lui est naturelle (l'écluse de Nékerstoor), en se servant du siphon pour
les jeter dans le canal de Bergues, ces mêmes eaux n'auraient plus
l'inconvénient d'envaser le port et de nuire à toute une population
de la ville sur une étendue d'environ 550 mètres; elles n'auraient plus
à faire qu'un parcours d'environ 400 mètres à travers les fossés des
fortifications, pour arriver au siphon dont il vient d'être parlé.

Certes, quand il s'agit de changer tout un système d'irrigation, on
n'est pas sûr d'avoir toujours pour soi le plus grand nombre d'adhésions;
ce serait avoir des prétentions par trop élevées, et il faut bien aussi se
soumettre à quelques contradictions. Il ne serait pas étonnant que
dans une ville comme Bergues, où il existe des intérêts si divers, on
rencontrât des contradicteurs; les uns ont intérêt à conserver l'état de
choses actuel, les autres ont des intérêts opposés; mais la haute
sagesse de l'administration, qui veille sans cesse au bien-être général,
ne se laisse pas abuser, elle recherche la vérité partout, et pour l'é-
clairer, je vais essayer de répondre à quelques objections qu'on ne
manquera pas de faire.

On ne pourra pas, dira-t-on, établir un courant général partout
dans les canaux souterrains; la branche qui conduit de la galerie
d'enveloppe à l'écluse de la Jardinière en sera entièrement privée;
cette branche en a-t-elle un aujourd'hui? Celui qui y existe au
moyen du levage de la vanne de sortie de 6 à 8 centimètres n'est
pas suffisant pour renouveler les eaux, et il est trop fort pour ne
pas nuire aux eaux de la Basse-Colme et au port, où il jette toutes
les immondices de la ville. D'autres impasses sont dans le même
cas: il n'est pas possible d'y établir de courant; notamment celle
qui se dirige vers l'église et qui a environ 140 mètres de longueur, et
d'autres qu'il est inutile de désigner; ce n'est donc pas une nécessité
de premier ordre que d'avoir constamment un aussi faible courant; le
plus important, c'est de pouvoir renouveler les eaux partout et entièrement, et l'écluse de Nekerstoor et le siphon de la 3ᵉ section s'y
prêtent on ne peut mieux.

Une autre objection qu'on pourra faire, ce sera de dire que, pour
vider entièrement les canaux souterrains, on se trouvera dans la nécessité de vider aussi les fossés des fortifications; cela est parfaitement vrai; on y fera baisser l'eau jusqu'au radier de l'écluse de
Nekerstoor, 1ᵐ59; mais cela ne sera que favorable à l'hygiène, en

y renouvelant les eaux en même temps que celles des canaux souterrains; le canal de Bergues, pour faciliter le tirage, sera abaissé aussi à cette même cote; c'est l'état normal des choses; mais si l'on veut renouveler les eaux de ces mêmes canaux souterrains en tirant par la Jardinière, on est dans la nécessité de fermer les écluses de Nekerstoor et de la porte de Cassel; on se trouve obligé non seulement de baisser les eaux du canal de Bergues au niveau du radier de l'écluse de la Jardinière, mais aussi la Basse-Colme sur toute sa longueur, perte bien plus grande d'eau; et pour renouveler les eaux souterraines de la ville, on sera obligé de prendre celles qui auront séjourné sur le fond vaseux des fossés des fortifications.

D'autres objections peuvent encore être faites, mais le but de cet ouvrage n'est pas de créer des difficultés, c'est au contraire de faire connaître des possibilités d'exécution pour le bien général, et il est bon de se borner aux deux qui se présentent tout naturellement.

Ne pas mêler les eaux des canaux souterrains de la ville de Bergues avec celles de la Basse-Colme, est une question de la plus haute importance pour la salubrité; il est du devoir de tout bon citoyen, et exempt de toute partialité, de rechercher tous les moyens de parer à un inconvénient qui a de si terribles effets sur la santé des habitants de la ville et de la campagne. On y arriverait bien aussi en rétablissant l'écluse du Marché-aux-Fromages contre l'écluse de Lunegatte; les eaux sales pénétreraient dans le canal de Bergues par l'écluse Neuve, après avoir traversé le bassin; mais ce moyen, tout en étant bon, n'est cependant pas aussi efficace que celui qui serait établi par le siphon dont il a été parlé; le bassin de Lunegatte doit aussi servir au passage des eaux de la Haute-Colme pour l'alimentation de la Basse-Colme; il serait à craindre qu'au moment du passage des eaux fraîches il y restât encore des eaux sales, au lieu que par le premier système, les eaux sales se trouveraient en aval du bassin et assez éloignées pour n'avoir rien à craindre de leur mélange, ni pour l'envasement du port; c'est ici le cas de dire qu'un second siphon, placé à la gorge du luneton 46, pour déboucher dans le canal de Bergues par le fossé de la demi-lune 48, où il existe déjà une écluse avec une ouverture de 2 mètres, aurait été d'une utilité de premier ordre.

Dans tous les cas, excepté dans celui de force majeure, on ne doit jamais jeter les eaux sales des canaux souterrains par l'écluse de la Jardinière, elles corrompent les eaux de la Basse-Colme et envasent le port sur toute sa longueur; cette écluse ne doit servir que dans des cas fort rares et après que les canaux souterrains auront été balayés par des chasses répétées; elle ne doit servir que pour l'alimentation de la Basse-Colme dans les cas de chômage d'une partie de la Haute-Colme; faire fonctionner cette écluse pour une autre cause, c'est un contre-sens préjudiciable à la salubrité publique, comme le démontrent les différents plans d'eau dont il vient d'être parlé.

IRRIGATION. C'est toujours à la rivière de l'Aa que l'on a recours pour le bien-être général du pays et pour lequel elle est un trésor précieux; son plan d'eau en amont du sas de Wattendam est coté 5^m 00 au-dessus de la basse mer; c'est 1^m 75 de différence de niveau qui existe avec le plan d'eau des fossés de la fortification de Bergues (front ouest).

Par cette grande différence de niveau, on voit de suite quel parti on en peut tirer pour l'irrigation, laquelle ne se fait aujourd'hui que très-imparfaitement, en prenant des eaux dans la Haute-Colme, qui pénètrent dans les watergands par le bas et font monter dans l'intérieur les eaux corrompues. On voit qu'il serait possible d'établir un courant en prenant directement les eaux en amont du sas de Wattendam au moyen du Boudyck n° 2 qui serait mis en communication avec le Schardeuwgracht n° 34, le canal de Dringham et l'Houtgracht, pour déboucher dans les fossés des fortifications de Bergues, qui se trouveraient par ce seul fait beaucoup assainis; et si, comme il vient d'être dit, un second siphon eût été placé en communication directe avec le fossé du corps de place, il est évident que ce fossé, qui intéresse plus particulièrement la salubrité de la ville, eût été toujours entretenu par des eaux fraîches provenant directement de la rivière de l'Aa; ces eaux, mises en communication avec l'intérieur de la ville par les canaux souterrrains, auraient ajouté considérablement à la salubrité de la ville.

ARTICLE 4.

4ᵉ SECTION DES WATERINGUES, SOUS LE RAPPORT DU DESSÈCHEMENT ET DE SON IRRIGATION.

Son territoire est renfermé au nord par la mer, à l'ouest par le canal de Bergues, au sud par le chemin de Loo, et à l'est par la Belgique.

Sa superficie est de 10,884 hectares.

Ce terrain est le plus bas de l'arrondissement, le plus difficile à dessécher et à irriguer, pour le dessèchement de tout le terrain situé au nord de la Basse-Colme; il a son débouché particulier pour jeter ses eaux à la mer, qui est la Cunette; pour la partie au sud du même canal (la Basse-Colme), le débouché à la mer est le même que celui des trois autres sections, c'est-à-dire par le canal de dérivation. Pour l'irrigation, il est on ne peut plus désavantageusement situé; il est alimenté d'eaux fraîches quand les trois premières sections en sont abondamment pourvues; la manière dont elle se fait est on ne peut plus vicieuse : les eaux sont fournies par la Haute-Colme, elles passent au travers du sas de Lunegatte à Bergues, se mêlent avec celles de ce canal, qui sont saumâtres, et pénètrent dans la Basse-Colme, dont les eaux sont aussi très-mauvaises par suite de leur mélange avec celles des canaux souterrains de Bergues; les habitants de la campagne n'en ont pas d'autre pour leurs besoins alimentaires; c'est toujours ce même mode qui se présente de faire arriver de l'eau fraîche dans les canaux par leur débouché, et de faire remonter celles corrompues vers leur extrémité, au lieu de les introduire par les extrémités élevées, afin de pousser en avant les mauvaises jusqu'à la mer. C'est ce mode qui oblige l'Aa à faire une grande dépense d'eau par les trop fréquents besoins de les renouveler pour une bonne et salutaire irrigation.

DESSÈCHEMENT. Le territoire situé au sud de la chaussée d'Hondschoote est desséché par la Basse-Colme, qui vient se jeter dans le canal de Bergues, en passant par le sas de Lunegatte; le peu d'élévation du sol, qui n'est que de 0^m10 en moyenne au-dessus du plan d'eau normal exigé pour la navigation, fait que souvent, même en plein été, une partie de ce territoire nommé les Moëres d'Hondschoote se trouve inondée, et qu'il faut attendre que l'administration soit en mesure de faire baisser les eaux du canal pour se débarrasser de l'inondation. Sur cette partie du territoire, il ne suffit pas que la surface du sol soit couverte d'eau pour être inondée, la nature du terrain qui est très-spongieux et qui n'est composé que de tourbe sur une hauteur moyenne de 1^m50 et à fleur de sol, la rend très-perméable; les eaux remplissent les fossés jusqu'aux crêtes, et l'inconvénient est le même que s'il en était entièrement recouvert.

Pour la saison d'été seulement, on a placé un siphon sous la Basse-Colme, destiné à amener les eaux dans le canal des Moëres, dont la différence de niveau est de 0^m84 plus bas, ce qui rend dans cette saison cette partie de terre indépendante des eaux de navigation ; l'hiver, on doit s'abstenir de faire fonctionner ce siphon, à moins que dans des cas où le canal des Moëres se trouverait très-bas.

Pour apporter un remède à cet état de choses, il faudrait abaisser le radier de l'écluse placée près de la frontière belge, à la cote 0^m60, lequel est coté 0^m44 plus haut que celui de l'écluse de Furnes à Bergues; de cette manière, on pourrait donner une plus grande profondeur au canal et abaisser son plan d'eau de navigation de 0^m30, ce qui serait suffisant pour préserver cette contrée des ravages périodiques des inondations, et permettrait encore aux bateaux de naviguer avec un tirant d'eau de 1^m84, ce qui paraît suffisant pour la navigation de ce canal, peu fréquenté par les grands bateaux. Il est bon de faire remarquer ici que le canal de Dunkerque à Furnes, dont la navigation est très-active, n'a qu'un tirant d'eau de 1^m86 dans le biez de Dunkerque à Zuydcoote, et de 1^m76 de Zuydcoote à Furnes ; on objectera sans doute que ce travail entraînera l'obligation d'abaisser aussi le plan d'eau du canal de Bergues, cela n'est pas indispensable, mais ce serait un travail très-utile; il compléterait les améliorations du système général du dessèchement des 4 sections de Wateringues, en donnant une chute plus grande à toutes les eaux qui s'écoulent par ce canal.

La chaussée d'Hondschoote, qui est souvent dégradée par les eaux du canal, n'aurait plus rien à craindre sous ce rapport; les chemins qui y aboutissent et qui sont couverts d'eau chaque hiver verraient disparaître ce triste inconvénient ; les terres qui bordent la route deviendraient susceptibles de recevoir l'admirable application du drainage ; enfin, la viabilité de la chaussée et des chemins qui y aboutissent, et la salubrité publique gagneraient à ce changement d'une manière notable, qui changerait entièrement l'aspect de toute cette contrée.

Une autre partie au nord de la Basse-Colme se dessèche, comme on l'a vu, par un débouché à la mer qui lui est particulier; toutes les eaux se jettent dans le canal des Moëres, qui vient déboucher à Dunkerque par le sas octogone pour se jeter dans la Cunette.

Les Moëres, qui ne font pas partie de la 4e section des Wateringues et dans laquelle elles sont enclavées, ont un sol beaucoup plus bas que celui qui les environne ; il est coté dans la partie la plus basse qui se trouve au sud-est 1^m 90 au-dessus de la basse mer, et au nord 3^m 20 ; elles sont entourées par des digues cotées moyennement 3^m 80. Elles jettent leurs eaux dans le Ringsloot qui les entoure au moyen de moulins, les uns à palettes et les autres à vis, et qui sont d'une grande puissance. Pour en donner une idée, il convient de faire connaître qu'il existe dans les Grandes-Moëres françaises cinq moulins qui jettent leurs eaux sur le territoire de la 4e section ; ceux à palettes jettent 46 mètres cubes d'eau par minute, ceux à vis en jettent 30 mètres ; il y en a autant dans les Moëres belges, plus une machine à vapeur. Toutes ces machines fonctionnent d'une manière incessante. Dans les grands vents, elles ont bientôt fait déborder les canaux et les watergands qui servent à leur écoulement ; de là une grande perturbation et de grands dommages pour le territoire bas de la 4e section des Wateringues qui se trouve subitement inondé. Le débouché des eaux au sas octogone n'a que 8 mètres de largeur ; les eaux ne peuvent s'écouler à la mer que pendant quatre heures pour chaque marée de douze heures ; on voit que pendant les huit autres heures, les machines doivent élever une quantité prodigieuse d'eau et remplacer au-delà les eaux écoulées à la mer. Les Moëres belges nous en donnent aussi beaucoup par leur Ringsloot, qui reçoit toutes celles du territoire compris jusqu'au canal de Bergues à Furnes, et qui est sillonné par sept watergands et un autre longeant la grande route de Furnes nommé le Vlicler ; c'est ce qui fait que cette partie du territoire est souvent inondée quand il y a des pluies persistantes et qu'elles sont accompagnées de grands vents. Les Moëres françaises seules fournissent par leurs moulins environ 54,000 mètres cubes d'eau par 24 heures ; les Moëres belges en fournissent au moins autant, et toutes ces eaux n'ont pas d'autre débouché que celui du sas octogone, à Dunkerque, qui n'a que 8 mètres de largeur, et dont l'effet réel se produit sur une hauteur qui varie de 1^m 60 à 1^m 90. Les eaux belges pénètrent sur le territoire de la section, pour la majeure partie par le canal de la digue des Glaises qui se jette lui-même dans le Zeegracht, et de là dans le canal des Moëres, près du pont à Charrette ; ce canal reçoit aussi les eaux du canal des Chats ; dans les grandes crues, son plan d'eau s'élève au point d'empêcher les eaux du bassin inférieur de Coudekerque de s'y jeter par le seul débouché qu'elles ont auprès du pont de Steendam, et tout ce territoire se trouve également sous l'Aa.

Le bassin comprenant le terrain bas de Coudekerque, dont il vient d'être parlé, se dessèche en jetant ses eaux dans le watergand de Coudekerque, qui se débouche lui-même dans le canal des Moëres à Steendam ; le dessèchement est subordonné à la hauteur des eaux de ce canal ; il arrive souvent que ce bassin est encore couvert d'eau quand tout le reste de la section s'est débarrassé des siennes.

C'est une calamité qu'un terrain bas puisse, au moyen de machines de grandes puissances, inonder un terrain plus élevé ; c'est le contraire de ce qui est prescrit par le code, car d'après la loi, c'est une nécessité résultant de la nature que les fonds inférieurs soient assujettis envers ceux qui sont plus élevés à recevoir les eaux qui en découlent. On ne parviendra à préserver des inondations les deux bassins dont il vient d'être parlé, que quand on aura obtenu de faire placer sur les digues qui entourent les Moëres françaises et belges des repères en forme de déversoirs, dont la hauteur sera réglée de manière à ce que les moulins soient dans l'obligation de cesser de fonctionner du moment où le terrain des deux bassins en question commencera à s'inonder.

Bassin au sud de la route d'Ypres. Ce bassin, d'une assez petite étendue, comprend environ 150 hectares ; il est desséché par un seul watergand, le Schelwliet n° 51, dans lequel descendent avec abondance les eaux du versant sud de la route Impériale n° 40 et des hauteurs de Quaedypre ; son débouché est dans la Basse-Colme, par les canaux souterrains de Bergues, et dans la Haute-Colme par les fortifications du front ouest ; c'est encore ici le cas de désirer que le dessèchement se fasse directement par le canal de Bergues, en faisant passer les eaux par le siphon de la 3ᵉ section des Wateringues ; de cette manière on fera disparaître entièrement toute nécessité de jeter les eaux des canaux souterrains dans la Basse-Colme. Le port de Bergues n'aura plus à craindre de s'envaser, et l'hygiène y gagnera sensiblement.

Il reste une faible partie du territoire de la section qui se trouve inondée sans qu'il soit trop possible d'y apporter un soulagement, c'est environ 200 hectares qui se trouvent au nord du canal de Furnes, entre Zuydcoote et la frontière belge ; le plan d'eau exigé pour la navigation est coté 3ᵐ 04 jusqu'à Furnes, il se trouve augmenté dans les grandes crues par les eaux fournies par la Belgique, et empêche les eaux de cette partie de terre de s'y jeter. Pour mettre cette petite portion de terre à l'abri des inondations, il n'y a pas de moyen plus efficace que celui d'abaisser le plan d'eau navigable en portant le sas de Zuydcoote à la frontière, et en mettant son busc en rapport avec celui du sas octogone qui pourrait être abaissé à la coté convenable pour la navigation. C'est une grande dépense à faire et qui ne peut pas être supportée par l'administration des Wateringues.

Un autre moyen est praticable et moins coûteux ; ce serait de construire une digue sur la rive nord du canal de Furnes et de placer un siphon sous ce même canal, qui amènerait les eaux dans le Moëreleet qui longe la route du côté sud ; mais dans ce cas, on surcharge d'un nouveau volume d'eau la partie la plus basse de la section, qui a déjà tant de servitudes à supporter, et l'on aggrave sa position.

IRRIGATION. On vient de voir que le territoire de la 4ᵉ section des Wateringues est désavantageusement placé pour le dessèchement ; il ne l'est pas moins sous le rapport de l'irrigation, plus de la moitié de la section se trouve sans eau dans l'été, et l'autre moitié n'a que des eaux en partie corrompues et on ne peut plus nuisibles à la santé des habitants ; il n'est cependant pas impossible de remédier à cet état de choses, c'est ce que nous allons chercher à faire comprendre, en traitant l'alimentation par bassin et comme il suit :

Bassin dit des Moëres d'Hondschoote, au sud de la chaussée, comprenant environ 160 hectares. Ce bassin est en communication directe avec le canal de la Basse-Colme par la becque de Killem ; dans les grandes pluies, il est abondamment approvisionné de bonnes eaux qui descendent dans cette becque des hauteurs de Rexpoëde, de Killem et d'Hondschoote ; mais dans les grandes sécheresses, on n'a pas cet avantage, on est obligé de prendre de mauvaises eaux dans la Basse-Colme, qui pénètrent dans la becque en remontant contre nature le cours des eaux ; ces nouvelles eaux refoulent les mauvaises devant elles, ce qui est un inconvénient déjà signalé et auquel on ne peut apporter aucun changement.

Bassin au nord de la Basse-Colme, compris entre la Steenstraete, le cailloutis qui conduit à Ghyvelde et la frontière belge. Sa surface, y compris les Moëres, est d'environ 4,200 hectares. Son alimentation se fait par les eaux de la Basse-Colme, lesquelles, comme on a déjà vu, ont souvent un commencement de corruption provenant de leur passage au travers du sas de Lunegatte et des canaux souterrains de Bergues. Cependant, faute d'autre, on est bien obligé de s'en contenter; ces eaux pénètrent dans le bassin par les écluses placées sur le Zeegracht n° 29 et sur le Blockensleet n° 37. La première, qui a une largeur de 1^m 10, avec une chute de 0^m 84, donne une grande quantité d'eau qui se répand sur toute la longueur du Zeegracht, qui a une largeur de 14 mètres; elle s'étend dans le canal des Glaises, dans le Stinckaert et dans le canal des Moëres, en remontant contre nature le cours des eaux; elle refoule les mauvaises vers l'Est, et celles-ci ne tardent pas à se corrompre de nouveau, ce qui fait qu'on est très-souvent obligé d'opérer des tirages à la mer pour les renouveler, et cela, dans les moments de grandes sécheresses, quand les canaux navigables n'ont que tout juste ce que les règlements exigent. Une autre calamité, c'est qu'en tirant les eaux à la mer, ce sont les meilleures qui s'en vont les premières, et les plus mauvaises qui restent avec toutes les matières végétales et animales qu'elles contiennent. Il n'est pas rare de voir la surface des canaux, dans l'Est de ce bassin, couverte littéralement des cadavres de poissons en putréfaction, qui corrompent l'air et occasionnent des maladies pernicieuses.

L'éclusette placée sur le Blockensleet a aussi son importance, elle à 0^m 83 de largeur; aussi, avec une chute de 0^m 84, elle jette les eaux qui lui arrivent dans le canal des Glaises, qui se trouve aussi, par ce fait, coupé en deux vers le milieu de sa longueur, de manière à laisser les anciennes eaux dans la partie à l'Est ; les nouvelles descendent vers le Zeegracht, où elles se mêlent; il en passe une partie par le Ringsloot de la Petite-Moëre qui gagne le canal des Moëres.

Pour éviter de faire remonter les eaux croupissantes vers l'est, et les forcer, au contraire, à descendre vers l'ouest qui est le cours naturel, il faudrait avoir une prise d'eau à l'extrémité de la section contre les Grandes-Moëres, et assez grande pour alimenter la section avec elle seule, rétablir la continuité du Ringsloot, et construire aux deux extrémités de ce même Ringsloot des barrages éclusés, afin de faire profiter seul le territoire français des nouvelles eaux,

Il est facile de voir que l'amont, se faisant à l'extrémité est des canaux, les eaux corrompues se trouveront naturellement chassées en descendant dans le canal des Moëres, en parcourant le canal des Glaises, celui des Chats et les autres watergands. De cette manière, au moyen de quelques rares tirages à la mer, on se débarrassera des mauvaises eaux et les bonnes resteront.

L'alimentation des Moëres y gagnerait considérablement, elle serait faite directement par des eaux fraîches au lieu de l'être par des eaux corrompues qui lui sont repoussées par celles venant de l'ouest.

C'est un mode tout nouveau d'alimentation qu'il faut établir, sa dépense serait très-minime et en rapport avec les services qu'elle rendrait. Il suffit, en effet :

1° De construire une écluse pour la nouvelle prise d'eau dans la Basse-Colme, près des Moëres ;

2° Deux batardeaux éclusés aux extrémités du Ringsloot contre la frontière belge ;

3° Et rétablir la communication du Ringsloot. Ce dernier travail consiste à rétablir la communication du canal des Glaises avec le Cligatwaert n° 43, lequel communique avec le Ringsloot au nord par le canal des Moëres.

Bassin comprenant le terrain bas de Coudekerque. Il est alimenté d'eaux fraîches par les écluses placées sur le grand et le petit Heyleet ; c'est aussi la Basse-Colme qui fournit à son alimentation ; mais cette fois les eaux pénètrent dans les watergands par la partie la plus élevée, elles poussent les eaux corrompues en descendant le cours naturel jusque vers leur sortie dans le canal des Moëres qui se trouve contre le pont de Steendam. Ce mode ne laisse rien à désirer, sinon que les eaux de cette partie du territoire, reposant sur un terrain partout marécageux, se corrompent vite, et qu'on ne peut pas les renouveler assez souvent par les besoins que l'administration a de maintenir les eaux dans le canal, constamment à la cote officielle de navigation. Il est aussi prudent, quand on fait des prises d'eau, de les faire avant que la ville de Bergues donne des chasses pour nettoyer ses canaux souterrains.

Bassin au sud-est de Bergues. Ce bassin est occupé par un seul watergand nommé le Schelwliet n° 51 ; dans les grandes pluies, il est abondamment pourvu de bonnes eaux qui descendent des hauteurs de Quaedypre et du versant nord de la route Impériale n° 40. Ce n'est que dans les grandes sécheresses, quand les eaux viennent à manquer, que le peu qui en reste se corrompt ; on est alors obligé de les renouveler par la Haute-Colme, qui a un débouché dans le fossé des fortifications : ces eaux ont aussi l'inconvénient, déjà plusieurs fois signalé, de pénétrer dans le watergand par sa partie la plus basse, et de le remonter en repoussant devant elles les eaux corrompues, de sorte qu'elles ne tardent pas à se gâter de nouveau et à causer des accidents déplorables pour les éleveurs qui ont un grand nombre de bêtes à cornes dans les pâturages gras qui bordent le watergand de chaque côté ; pour remédier à cet état de choses, il n'y a qu'à renouveler les eaux assez souvent.

Il reste une partie du territoire qui comprend environ 2,600 hectares de surface, et qui se trouve entièrement dépourvue d'eau et dans l'impossibilité de s'en procurer dans l'état actuel des choses; elle est sillonnée de watergands qui servent au dessèchement, dans l'hiver, et qu'il serait possible d'utiliser avantageusement pour l'irrigation, dans l'été, s'il y avait moyen d'y introduire de l'eau dans la partie la plus élevée; c'est ce que nous allons essayer de démontrer.

C'est encore à cette bonne et inépuisable rivière de l'Aa qu'il faut avoir recours; elle est un véritable trésor pour le pays, si l'on sait en tirer partie; cette fois, c'est par le canal de Bourbourg que nous l'introduirons dans la 4ᵉ section. Elle y pénétrera comme la manne salutaire dans le désert. Pour bien apprécier ce qui va suivre, il est bon de connaître par avance les différences de niveau qui existent dans les grands canaux qui servent à la navigation avec le canal des Moëres.

Le plan d'eau de l'Aa en amont du sas du Guindal est coté. 4ᵐ 94.
Le biez entre le sas du Guindal et celui de Bourbourg est coté. 4 54.
Le biez entre le sas de Bourbourg et le Jeu-de-Mail . . . 3 64.
Le plan d'eau du canal de Bergues. . . . . 2 49.
    Id.   du canal des Moëres. . . . . 1 90.
La tablette de couronnement du sas octogone à Dunkerque. 7 00.

On voit par le plan d'eau de la rivière de l'Aa comment les eaux vont en descendant le canal de Bourbourg jusqu'au Jeu-de-Mail, à Dunkerque, et il est facile aussi de remarquer qu'entre ce canal, qui est coté 3ᵐ 64, et le canal des Moëres, qui est coté 1ᵐ 90, il existe une différence de 1ᵐ 74. Partant de ce principe, il en résulte que, si l'on peut amener ces eaux dans cette partie du territoire de la 4ᵉ section des wateringues, on aura un bassin supérieur à celui actuel de 1ᵐ 74 plus élevé, car il est évident qu'au moyen de deux siphons, l'un placé sous le canal de Bergues, au nord et près du Bernardsleet, et l'autre sous le canal des Moëres, entre Steendam et Dunkerque, ce même niveau de 3ᵐ 64 se reproduira à l'Est sur tout le territoire.

L'administration de la section s'était déjà préoccupée depuis longtemps des moyens de donner de l'eau fraîche par le canal de Bourbourg en temps de chômage de la Haute et de la Basse-Colme; déjà, lors de la construction du chemin de fer de Lille à Dunkerque, elle avait obtenu pour cet usage une largeur convenable à un aqueduc qui devait y être ménagé pour le passage des eaux destinées à l'alimentation de la ville; c'est ce même aqueduc qui doit encore servir. Aujourd'hui, on ne se borne pas seulement à verser des eaux fraîches dans le canal des Moëres, ce serait retomber dans un inconvénient déjà plusieurs fois signalé et très-préjudiciable à l'hygiène; ces eaux, en pénétrant dans le canal des Moëres par le Bernardsleet, remonteraient le canal jusqu'aux Moëres, en poussant devant elles, dans tous les canaux et watergands alimentaires, les vases, les détritus de végétaux et tout ce qui peut nuire à la santé publique; c'est un tout autre système que l'on veut établir, qui satisfera à tous les intérêts et à l'hygiène publique en général. On propose de faire passer les eaux sous le canal de Bergues, de les conduire au moyen d'un watergand contre le canal des

Moëres, entre Dunkerque et Steendam, sous lequel on les fera passer au moyen d'un second siphon pour les jeter à l'Est de ce canal et les étendre sur toute cette partie du territoire; de cette manière, on arrivera à fertiliser des terres qui ont toujours été privées d'eau en été, on améliorera la position des habitants qui se trouvent chaque année dans la plus grande détresse par le manque d'eau potable, si nécessaire à leurs besoins personnels et domestiques. Ce projet vient d'être étudié par le conducteur des travaux de la section ; il a été soumis à MM. les ingénieurs du service hydraulique, qui ont reconnu que c'était une amélioration notable et approuvée par M. le Préfet du Nord.

Ce projet vient d'être reconnu indispensable par le chômage de la Basse-Colme qui doit être curée en 1860, et qui privait d'eaux fraîches la 4e section et les Moëres pendant tout le temps qu'aurait duré le travail.

Une fois les eaux introduites sur cette partie du territoire, plus rien ne s'oppose à l'assainissement complet des canaux dont il a déjà été parlé pour la partie basse de la section. En sortant du siphon, elles gagneraient le Leçdick n° 24 et le Snackedick n° 27 qui sont déjà en communication; on rattacherait ces deux autres watergands avec ces deux premiers jusqu'au Moëreleet qui s'étend jusqu'à la frontière belge en longeant la grande route de Furnes; de cette manière, on aura un bassin supérieur dont le plan d'eau sera dans la partie la plus élevée, le même que celui du canal de Bourbourg, c'est à dire 3m 64 au-dessus de la basse mer, et en ménageant cette eau au moyen d'éclusettes ou barrages mobiles placés dans les watergands, on aura des bassins inférieurs et étagés qui se rempliront avec peu d'eau et sans perte, et qui permettront de ne pas trop surcharger les dépenses en eau de la rivière de l'Aa par de trop fréquents renouvellements.

En temps de chômage de la Haute ou de la Basse-Colmé, on approvisionnerait le bassin inférieur en y faisant entrer les eaux par le Moëreleet, qui débouche dans le canal des Chats, non loin du Ringsloot de la Grande-Moëre; ce Ringsloot se trouverait rempli d'eau fraîche et pure sur tout son développement, et l'alimentation, au lieu de commencer par le bas des canaux, ce qui est contre nature, commencerait par le haut, et on aurait l'immense avantage dans les tirages à la mer de ne se débarrasser que des eaux corrompues et non des bonnes.

Quand vient la saison d'hiver, cette partie du territoire n'a plus besoin d'eau; on tiendra fermées les écluses des siphons, on tiendra ouverts les éclusettes et barrages placés sur les watergands, et les ramifications faites pour les mettre en communication les uns avec les autres, seront autant de nouveaux moyens puissants et actifs ajoutés pour accélérer le dessèchement.

Il est une objection qu'on ne manquera pas de faire contre ce nouveau système d'irrigation qui doit changer entièrement l'aspect du pays, c'est de savoir si la rivière de l'Aa pourra fournir tant de choses à la fois; on peut à cela répondre par des chiffres qui feront disparaître tous les doutes, les eaux données en plus par le canal de Bourbourg seront largement compensées par celles prises en moins par la Basse-Colme pour l'alimentation du bassin inférieur dont le plan d'eau pourra être abaissé de 0^m 15 à 0^m 20 sans nuire aucunement aux intérêts de l'agriculture. En effet, il est bon de remarquer que le plan d'eau étant abaissé, c'est la surface supérieure des canaux qui reçoit en moins. Les canaux des Moëres, du Zeegracht, des Glaises, du Bernardsleet et le Ringsloot de la Grande-Moëre, fournissent ensemble une superficie de 700,000 mètres carrés (on néglige de compter les autres moyens watergands); si l'on suppose en moyenne un abaissement de 0^m 15, on aura un volume d'eau de 105,000 mètres cubes; d'un autre côté, la surface moyenne des eaux dans les watergands du bassin supérieur qu'il est question de créer, ne sera que de 90,000 mètres carrés; si l'on y maintient une hauteur d'eau moyenne de 0^m 70, on aura un volume de 63,000 mètres cubes, ce qui représente une différence de 42,000 mètres cubes à fournir en moins par la rivière de l'Aa; on aura en outre une moins grande perte dans l'évaporation, dans la proportion de 9 à 70. On objectera peut-être aussi que les eaux étant introduites sur un terrain plus élevé et d'une nature plus sèche, le fond en absorbera une plus grande quantité; cela est possible, mais en face de la différence dans l'évaporation et des besoins moins fréquents de les renouveler, cela est-il à craindre?

Dans ces avantages en faveur du nouveau système d'irrigation, on ne tient pas compte de ce que l'Aa aura encore de moins à fournir si l'on exécute la nouvelle prise d'eau proposée sur la Basse-Colme qui doit faire l'alimentation, en commençant par le haut des canaux; il est évident que les eaux auront moins de chance de se corrompre, et qu'on aura beaucoup moins souvent à recourir à l'Aa pour les renouveler.

Ainsi, rien à craindre sur les objections qu'on pourrait faire. D'ailleurs, quand on ne prendrait qu'une bonne provision d'eau à la fin d'avril pour remplir tous les watergands, quand l'Aa en est encore abondamment pourvue, ce serait déjà un grand bienfait qui compenserait largement les dépenses d'installation; ces eaux, jointes à celles fournies par les pluies, se maintiendraient fort long-temps à un niveau convenable, et on pourrait attendre un moment favorable pour en prendre de nouvelles, comme il peut arriver quelquefois par de grandes pluies, où l'Aa se trouve subitement surchargée, et que pour s'en débarrasser l'on se trouve dans la nécessité de les jeter à la mer par Gravelines.

CHAPITRE XII.

Alimentation des villes de Dunkerque et de Bergues par un mode se rattachant à un nouveau système d'irrigation pour la 1re et la 3e section des Wateringues.

ARTICLE 1er.

Alimentation de Dunkerque par les Eaux de l'Aa prises directement.

Ce sujet, quoiqu'en dehors de l'irrigation, n'a pas moins son importance sous le rapport hygiénique ; il a déjà été traité bien des fois : c'est une grande question sur laquelle on pourrait écrire des volumes, et il est inutile de revenir sur tout ce qui a été dit. Seulement, comme dans ce nouveau travail sur l'irrigation, il a été indiqué un nouveau moyen d'alimentation pour la ville de Dunkerque, nous allons présenter quelques observations, lesquelles, mises dans des mains plus habiles, pourront peut-être un jour jeter quelque lumière et avoir un développement assez heureux pour être de quelque utilité.

Tout en ne détruisant rien dans les différents modes qui ont été indiqués pour se procurer des eaux douces, il est bon de faire remarquer qu'on avait tout à fait abandonné l'idée de les prendre directement dans la rivière de l'Aa, du moins quant à présent, et comme un nouveau moyen se présente, il ne sera peut-être pas déplacé de le faire connaître entièrement par quelques détails.

Les eaux pourraient être prises à quelques kilomètres au sud de Gravelines, où elles sont cotées 4m 94 au-dessus du zéro de la basse mer ; on se servirait d'une partie des watergands qui existent dans cette partie du territoire de la 1re section des Wateringues pour les amener dans un nouveau coulant à créer qui passerait à Loon et se continuerait jusqu'à Dunkerque en longeant le coté sud de la route Impériale n° 40 ; ce nouveau coulant d'eau à créer aurait une longueur d'environ 13 kilomètres, et nécessiterait une acquisition de terrain de 5 à 6 hectares et un déblais de 110,000 mètres cubes. On peut évaluer la dépense comme suit :

6 hectares de terre à 3,000 fr . . . . F. 18,000.
110,000 mètres cubes de déblais à 25 cent. . . . . . 27,500.
Appropriation des watergands existants. . . . . . . 9,500.
Constructions de quelques éclusettes et ponceaux. . . 25,000.

Ensemble . . . 80,000.

Ainsi, pour 80,000 fr., on aurait aux portes de Dunkerque les eaux de la rivière de l'Aa prises directement et augmentées par les eaux des dunes et de toute la partie de terre au nord de la route impériale n° 40 ; reste à les faire entrer en ville et d'en faire la distribution dans toutes les rues.

Le sol moyen de Dunkerque pris sur la tablette du couronnement du sas octogone étant coté 7m 00 au-dessus de la basse mer, ce serait donc à environ 2m 00 au-dessous du pavé des rues qu'on amènerait l'eau : et si, pour le moment, on voulait se contenter de fontaines publiques munies de pompes, on voit que la dépense ne serait pas exorbitante, d'autant plus qu'elle serait encore diminuée probablement par une subvention de la première section des Wateringues pour l'amélioration apportée dans son irrigation. C'est, du reste, un sujet à étudier dans tous ses détails par un travail spécial; ici il ne peut être question que de faire connaître cette nouvelle ressource due aux recherches faites sur son irrigation. Mais il est bon cependant de faire remarquer en passant, qu'en établissant un nouveau watergand longeant la route impériale au sud, toutes les eaux des terres et des dunes au nord de la route, comprenant au moins 2,500 hectares, s'y verseront par le Mardick-Gracht, la Madame, le Schap-Gracht, le Bolle-Gracht, etc.; et en établissant quelques barrages éclusés contre le watergand à créer, aucune partie des eaux au nord de la route ne sera perdue pour Dunkerque; il est même probable qu'on n'aura pas besoin d'avoir recours aux eaux de la rivière de l'Aa.

Du reste, c'est un travail qui peut être divisé et arrêté quand on sera assuré d'avoir de l'eau en suffisante quantité pour les besoins de la ville ; on peut le faire en trois parties: 1° Jusqu'au Mardick-Gracht, distant de 8 kilomètres ; 2° jusqu'à Loon, 3 kilomètres plus loin, et 3° enfin jusqu'à la rivière de l'Aa. Cette ressource des eaux des dunes sera d'autant plus précieuse, que l'on n'aura point à craindre la pénurie des eaux de l'Aa; ce sera un surcroît d'abondance.

Plus tard, ces mêmes eaux pourront être rendues jaillissantes et filtrées dans toutes les rues. On les amènerait au pied d'un talus de rempart. Là, on établirait un réservoir avec une machine élévatoire pour les verser dans une immense galerie souterraine, placée dans le terreplein de ces mêmes remparts et qui ferait le tour de la ville : une fois cette galerie ou réservoir rempli, on voit quel parti on en pourrait tirer; le fond pourrait être établi partout à 2^m au-dessus du sol des rues, à chaque sortie de distribution l'eau passerait à travers un filtre construit en même temps que la galerie, de sorte que la filtration des eaux n'entraînerait aucune dépense en plus.

La machine élévatoire, suivant le rapport présenté au Conseil municipal en septembre 1856, devait fonctionner tous les jours, son entretien annuel était estimé 20,000 fr. Au moyen de l'immense réservoir placé sur les remparts, elle fonctionnera tout au plus 4 mois par année, de là une nouvelle économie équivalente à un capital de plus de 100,000 fr.

Dunkerque a encore un autre moyen de se procurer les eaux de l'Aa prises directement, ce serait de s'entendre avec la ville de Bergues pour les amener dans cette place par un watergand qui intéresserait aussi les irrigations de la 3e section des Wateringues, et, de Bergues, les conduire à Dunkerque avec des tuyaux placés sur la digue est du canal, ou même en longeant la route impériale, et pour une amélioration de cette nature, il n'est pas douteux que la ville de Bergues n'intervienne dans une partie de la dépense.

Il peut paraître étonnant que je parle d'établir des réservoirs sur le terrain militaire et même dans le sein des remparts; cela n'est pas impossible. Qui sait si aujourd'hui, qu'on invente tant de moyens de

défense, on n'en trouvera pas un nouveau dans ces nouvelles dispositions. Qu'importe; le principal, c'est d'avoir de l'eau jaillissante à bon
marché et d'une manière continue, surtout sans avoir jamais à craindre qu'il en manque dans les canaux ; cette eau comblera de bonheur
les habitants de Dunkerque ; les nombreuses bornes-fontaines que l'on
établira embelliront les rues, feront dans certaines disparaître les
odeurs qui souvent les infectent; les fontaines feront l'ornement des
places publiques et du port; la vue sera partout satisfaite agréablement,
les besoins de la vie comme ceux de l'industrie n'auront plus rien à désirer, les incendies seront maîtrisés par l'abondance des secours en
eau qui arriveront de toutes parts; ce sera le cas de dire que la nécessité
vient se joindre à l'agrément et à l'utilité.

La question des eaux douces à Dunkerque est de la plus haute importance pour la vie des habitants. Les magistrats assez animés pour
l'amour du bien public, qui auront pris l'initiative d'un pareil bienfait, se rendront immortels et seront vénérés par les générations
présentes et futures.

ARTICLE 2.

Alimentation de Bergues par les eaux de l'Aa prises directement.

C'est ici le moment de dire un mot sur les fontaines publiques de
la ville de Bergues; cette ville est alimentée par quelques rares pompes
disséminées dans quelques rues, ne donnant que peu d'eau d'infiltration qui laisse beaucoup à désirer sous le rapport hygiénique; la majeure partie des habitants se servent des eaux corrompues et stagnantes renfermées dans les citernes. Aussi voit-on chaque fois que l'abaissement des eaux arrive près de la couche de limon vaseux qui repose
sur le fond, l'apparition déplorable des fièvres et d'autres maladies qui
se renouvellent trop souvent dans le pays.

Heureuse l'administration qui changerait cet état de choses ! elle
s'immortaliserait; elle aurait bien mérité du pays et les générations
futures ne prononceraient son nom qu'avec admiration et respect.

On a vu que le plan d'eau de la rivière de l'Aa, pris en amont du
sas de Wattendam, est coté 5^m 00 au-dessus de la basse mer; le sol
moyen de Bergues, pris au milieu de la cour de la caserne d'infanterie,
est coté 4^m 76; c'est donc 0^m 24 de différence en contre-bas, et on
pourrait en conclure qu'on pourrait avoir des bornes-fontaines jaillissantes, dont l'orifice serait placé à 0^m 24 au-dessus du sol, tout le
temps que le niveau de l'Aa sera conservé à la cote 5^m 00. Cette cote
qui est variable dans les grandes sécheresses pourrait mettre les bornes-fontaines en chômage, il est vrai ; mais on pourrait substituer aux
bornes-fontaines des pompes qui prendraient l'eau à 1^m 00 plus bas
que le sol, et l'on ne serait jamais sans eau.

Reste la difficulté de faire arriver les eaux dans Bergues; on a déjà
vu que par les travaux à exécuter pour l'amélioration du système
d'irrigation de la 3e section des Wateringues, il était possible de faire
arriver les eaux de l'Aa dans les canaux souterrains; mais cependant
avec un plan d'eau inférieur à celui dont on aurait besoin pour une
bonne alimentation de la ville. Ceci n'est plus qu'une question de temps

et d'argent; du moment où la différence dans les niveaux existe, la chose est possible, et c'est le moyen le plus économique qu'il faut chercher. Il y a souvent du choix, et ce ne peut être qu'après des études faites sur place qu'on est à même de bien apprécier ce qu'il y a à faire. Nous allons indiquer deux moyens également propres à donner des résultats satisfaisants.

Le premier consisterait à placer des tuyaux en ciment ou en fonte, travail que l'on exécute dans ce moment-ci pour faire arriver l'eau de Guines à Calais à travers un terrain des plus marécageux ; ces tuyaux formeraient un siphon sous quelques watergands et se continueraient jusque dans la ville de Bergues; la distribution se ferait dans toutes les rues au moyen d'embranchements et suivant les besoins des habitants.

Le deuxième, ce serait d'établir un coulant d'eau à ciel ouvert longeant le pied du terrain le plus élevé qui forme la limite de la 3e section des Wateringues, de manière à maintenir les eaux de niveau ou avec une faible pente jusqu'à Bergues, et en pénétrant dans la place au moyen de tuyaux ; la distribution pour chaque rue se ferait comme il vient d'être dit, par des embranchements. Ce deuxième moyen présente, sur le premier, un avantage qu'il est bon de faire remarquer; le territoire bas de la 3e section des Wateringues est irrigué par des eaux prises dans la Haute-Colme ; ces mêmes eaux, en pénétrant dans les watergands, poussent devant elles celles corrompues, qu'on n'a pu faire évacuer par rapport aux inégalités qui existent dans les fonds et qu'on se trouve obligé de conserver par la configuration du sol ; elles ne tardent pas à se corrompre de nouveau ; l'on se trouve dans la nécessité d'avoir trop souvent recours aux eaux du canal de la Haute-Colme pour les renouveler, et l'administration qui doit veiller à ce que le plan d'eau exigé pour la navigation soit toujours dans l'état normal, n'est pas toujours à même de satisfaire aux deux besoins en même temps. Or, devant renouveler les eaux moins souvent en irriguant par le nouveau watergand dont il vient d'être parlé, la dépense de l'Aa serait moindre. Les eaux fraîches pénétreraient dans les watergands par l'extrémité la plus élevée, chasseraient en descendant toutes celles corrompues jusque dans la Colme, et l'on n'aurait plus à craindre aussi souvent de voir les eaux se gâter et remplir l'air d'une odeur infecte qui engendre trop fréquemment des maladies pernicieuses.

Le pays wateringué y gagnerait beaucoup ; les communes dont le sol est déjà trop élevé pour recevoir des eaux de la Colme, en recevraient par l'Aa, qui a son plan d'eau de 0m 88 plus élevé que le biez entre Wattendam et Linck, et de 1m 75 plus élevé que le biez entre Linck et Bergues, du moins en partie ; ces avantages peuvent entrer en ligne de compte avec les parties intéressées; ce serait une diminution notable dans les dépenses que la ville devrait faire, et le résultat serait complet. D'un autre côté, afin d'alléger encore la dépense à faire, Bergues pourrait s'entendre avec Dunkerque, qui pourrait profiter de la faible distance qui sépare les deux villes pour introduire ces mêmes eaux dans ses murs au moyen de conduits placés sur la digue Est du canal.

Il est encore une autre économie qui viendrait au secours de la ville, chaque habitant aisé voudrait avoir de l'eau de l'Aa ; les maisons de maître voudraient des pièces d'eau dans les jardins ; ceux qui font bâtir se contenteraient d'un tout petit réservoir, sur lequel on placerait une pompe ; on serait en mesure de supprimer les citernes, trop coûteuses et qui entretiennent presque toujours une grande humidité dans les maisons: les usines, les brasseries, etc., voudraient contribuer à la dépense.

Les canaux souterrains s'envasent promptement ; ils reçoivent les eaux sales de la ville par des égouts de toutes sortes ; celles des nombreuses brasseries, savonneries, salineries, corroieries, tanneries, etc. ; ces canaux, au moyen d'une bonne eau fraîche, seraient convenablement assainis et pourraient satisfaire à tous les besoins domestiques et industriels, tandis qu'aujourd'hui les eaux y arrivent après avoir traversé les fossés du corps de place, toujours envasés par les égouts de la ville ; elles y croupissent sur un fond informe qui nuit considérablement à leur écoulement, cause principale de l'insalubrité que l'on éprouve chaque été dans la saison des chaleurs.

Tout le monde sait que ces grandes améliorations ne s'obtiennent qu'à force d'argent ; cette considération ne doit pas les arrêter : quand on n'a pas d'argent, on emprunte, et tout est dit ; il ne faut pas croire que l'on s'appauvrit en empruntant ou en s'imposant extraordinairement pour des travaux d'utilité publique ; c'est tout le contraire : il en résulte qu'au bout d'un certain temps, quand on a profité du bienfait résultant des améliorations, on se trouve avoir payé sa dette, et les travaux exécutés restent indéfiniment.

A ce sujet on pourrait citer des administrations ayant un revenu très-modique pour satisfaire à leurs besoins les plus pressants, entreprendre au moyen d'emprunt des travaux d'une grande importance, montant à des sommes au-delà de 300 mille francs ; qu'est-il arrivé ? C'est qu'aujourd'hui les emprunts sont remboursés, qu'on a augmenté le revenu agricole pendant tout le temps qu'a duré l'amortissement, et que les améliorations profiteront, pour un temps indéterminé, exempte d'aucun nouveau sacrifice ; le desséchement du pays, et en particulier des Moëres, n'en est-il pas un exemple frappant ? Ne se trouve-t-on pas aujourd'hui largement indemnisé des dépenses que l'on a faites ? Les effets du drainage, qui vient d'être importé dans ce pays par un homme que nous connaissons tous et d'une persistance éprouvée et difficile à décrire, ne font-ils pas voir tous les jours à nos agriculteurs qu'il ne faut reculer devant aucune dépense quand il s'agit d'améliorer ? Que prouve tout cela ? c'est que quand la position le permet, il faut toujours en profiter et à tout prix.

L'hygiène serait sensiblement améliorée, et les habitants n'auraient plus qu'à s'applaudir et à bénir l'administration qui aurait procuré un tel bienfait, comme aujourd'hui, dans la campagne, on vénère le nom de M. Vandercolme-Debuyser pour son introduction du drainage dans le pays.

CHAPITRE XIII.

Recherches sur le pays conquis sur la mer.

PRÉAMBULE.

Pour bien apprécier ce qu'il faudrait faire pour arriver à la culture des dunes en grand, il faut avant tout être bien pénétré de ce qui a été fait dans des temps où la mer baignait une partie des terres aujourd'hui en plein rapport. C'est par des appréciations plus ou moins fondées et indiquées par la configuration du sol, qu'il est permis de tenter de pénétrer dans la nuit de ces temps reculés; ce n'est que par la position des canaux et les différents ruisseaux nommés watergands, qui sont autant d'indices et qui forment à eux seuls toute la description de ce qui a été fait; ce n'est que dans ces différents signes qu'il faut chercher l'histoire des conquêtes faites sur la mer.

Toutefois, il est bien difficile, quels que soient les soins qu'on apporte dans ces recherches, d'apercevoir du premier coup d'œil les véritables moyens qui ont été employés; on ne peut que conjecturer; ce ne sera que quand des hommes studieux auront traité cette importante question, qu'il sera permis de s'arrêter à faire un choix d'idées; aujourd'hui, ce sont des raisonnements qu'il convient de faire, et quelles que soient leurs forces, ils peuvent un jour jeter quelques lumières, lesquelles, placées sous l'appréciation d'un jugement sain et dans des mains habiles, parviendront à faire sortir une vérité et des exemples bons à suivre.

La question de connaître comment le territoire wateringué a été préservé des eaux marines, se rattache naturellement aux moyens à chercher pour arriver à cultiver les dunes; c'est par un essai succinct de cette nature que nous commencerons.

ARTICLE 1er.

Recherches sur la manière dont le territoire wateringué a été préservé des eaux marines.

En étudiant bien les différences dans les niveaux du sol du territoire aujourd'hui dépendant des Wateringues, on reconnaît qu'il va toujours en s'abaissant vers le sud, et qu'il existe dans toute la contrée plusieurs bassins dont les plus bas sont les Grandes et les Petites-Moëres; elles sont cotées 1^m 90 au-dessus du zéro de la basse mer, pris à l'échelle du busc de l'écluse de la Cunette qui débouche dans le chenal. On voit qu'il y a similitude entre le sol de ces deux bassins; ce sont des bas fonds qui se trouvent au milieu d'anciennes dunes dont on retrouve encore quelques traces aux alentours. On remarque aussi que dans leur sol il ne s'y trouve pas de tourbe, tandis que celui qui les environne ou les entoure n'est que tourbières; lesquelles sont composées de détritus de-végétaux et de bois plus ou moins bien conservés. Au fur et à mesure du dessèchement du pays, ces deux cavées sont restées sous l'eau à l'état d'étang ou de marais, jusqu'à ce qu'on ait pu les endiguer et verser leurs eaux sur le territoire plus élevé, au moyen de machines plus ou moins puissantes. Les Grandes-Moëres communiquent avec les Moëres belges du côté Est, et sont enveloppées entièrement par un canal nommé Ringsloot, retenu par une digue intérieure qui sert au dessèchement et à l'irrigation. Aujourd'hui, les Grandes et les Petites-Moëres sont parfaitement cultivées et d'un rapport très-avantagaux ; les digues qui les garantissent sont cotées 3^m 80 au-dessus de la basse mer ; elles ne sont pas à l'abri de son invasion, puisque dans les vives eaux elles montent à 5^m 45 et quelquefois plus.

En remarquant bien ce qui se passe sur la rade, en avant du port de Dunkerque, on trouve plusieurs courants sous-marins qui forment des passes plus ou moins profondes, entre autres, une principale et la plus connue, que l'on nomme la passe de Zuydcoote ; ces passes, qui sont parallèles à la côte, démontreraient peut-être bien des choses sur la formation du territoire dont nous nous occupons, si l'on en faisait une étude sérieuse, et permettraient de conjecturer que le sol qui forme aujourd'hui l'assiette de Dunkerque, et les dunes à l'Est et à l'Ouest, était aussi un banc sous-marin qui s'est élevé par suite d'une grande accumulation de sable ; que le reste du terrain, qui se trouve du côté sud et qui va toujours en s'abaissant jusqu'à la Haute et la Basse-Colme, était une vallée également sous-marine qui aurait fort bien pu former une passe pour communiquer avec la pleine mer par le débouché de l'Yser, entre Furnes et Nieuport.

Ce qui paraît le démontrer aujourd'hui, c'est la possibilité de couvrir par les eaux de la mer tout le sol compris entre la grande route de Gravelines et Furnes, la rivière de l'Aa et la limite des terres hautes soumises aux Wateringues, de sorte que la langue de terre formée par les dunes et la route précitée resterait en partie seule découverte. C'est aux soins apportés pour l'entretien des grands travaux hydrauliques des ports de Dunkerque et de Gravelines que l'on doit d'être à l'abri de l'invasion des eaux marines.

Au sud de la Basse-Colme, le versant des terres hautes dont le sommet se trouve être la route Impériale de Bergues à Ypres, donne naissance à plusieurs coulants d'eau que l'on nomme becques ; trois ont une assez grande importance et fournissent dans les grandes pluies et pendant la saison d'hiver une grande abondance d'eau qui couvre la plus grande partie du territoire nommé les Moëres d'Hondschoote, dont le sol est coté 2^m 84 au-dessus de la basse mer ; le dessèchement naturel se faisait par le sol le plus bas, qui est au nord ; mais depuis l'endiguement de la Basse-Colme, il se fait par ce canal.

Il est encore un autre bassin dont le sol se trouve bien bas, par rapport à toutes les autres terres qui l'environnent ; c'est celui situé entre le versant sud de la route Impériale d'Ypres et le versant nord des hauteurs de Quaedypre ; ce bassin est formé par les eaux du Schelwliet, qui viennent se jeter dans le canal de Bergues, en passant par les canaux souterrains de cette ville ; la cote moyenne de ce bassin est 3^m 16 au-dessus de la basse mer; on y trouve une couche de tourbe qui varie en épaisseur comme dans toutes les autres parties du territoire où il en existe.

Au nord de la Basse-Colme, le territoire se divise en deux autres bassins, l'un, contournant les Grandes et les Petites-Moëres, ayant des portions de terre également très-basses et qui n'ont que 2^m 60 au-dessus de la basse mer, se trouve limité par le chemin caillouté le Vlieterstraete, qui conduit à Ghyvelde, le chemin Vischerstraete, la Basse-Colme et le chemin de la Chapelle : le dessèchement s'en fait par le canal des Moëres. L'autre, qui est de peu d'étendue, est renfermé par le chemin Vischerstraete, la Basse-Colme, le canal de Bergues et le chemin de la Chapelle ; le sol le plus bas est coté 2^m 50 au-dessus du zéro de la basse mer; le dessèchement s'en fait par le watergand de Coudekerque, qui se verse dans le canal des Moëres, à Steendam : ces bassins renferment une couche de tourbe qui varie entre 0^m 50 et 1^m 40 de hauteur.

La Steenstraete, que l'on croit être le reste d'une voie romaine, forme un contre-fort qui s'appuie sur la chaussée d'Hondschoote à la grande route de Dunkerque à Furnes; son sol, au-dessus de la basse mer, varie de 3^m 20 dans la partie la plus basse, près du pont de Bentismeulen, jusqu'à 4^m 54; à son extrémité nord, près de la route de Furnes, les terres environnantes, sises de chaque côté, suivent régulièrement la même pente du nord au sud jusqu'au canal des Moëres; mais de ce canal à la Basse-Colme, ce contre-fort change légèrement de direction et forme une crête élevée de 4^m 30 au-dessus de la basse mer, qui longe le chemin Cappellestraete jusqu'au pont de Siekelien.

D'après ces données, il est facile de voir que tout le territoire dont on vient de parler a été couvert par les eaux de la mer, cotées 5^m 45 au-dessus du zéro de l'écluse de la Cunette, et que si les obstacles créés pour la retenir dans ses limites actuelles venaient à disparaître par une cause quelconque, elle couvrirait de nouveau tout ce territoire, sur une hauteur variable, suivant les marées et à peu près comme il suit :

1° Pour le bassin dit des Grandes et Petites-Moëres au sud. 3^m 50.
au nord. 2 25.

2° Pour le bassin dit des Moëres d'Hondschoote. . . . . 2 70.

3° Pour le bassin de la vallée du Schelwliet, à l'Est de la route Impériale de Dunkerque à Lille, de . . . . 2 25.

4° Pour le bassin compris entre le Vlieterstraete, le chemin de la Chapelle et la Basse-Colme, de . . . . 2 8..

5° Pour le bassin entre la Basse-Colme, le chemin de la Chapelle, le canal de Bergues et le village de Coudekerque . 2 95.

6° Le reste des terres hautes, à partir du canal des Moëres et du chemin caillouté qui conduit à Ghyvelde jusqu'à la route de Furnes, de . . . . 0 70.

6° Qu'une autre partie du territoire de la 4° section des Wateringues, au sud du canal de Furnes, depuis Zuydcoote jusqu'à la frontière belge, se trouverait également couverte d'une couche d'eau d'environ. . . . . 0 90.

Les terres à l'ouest de Dunkerque sont dans les mêmes conditions ; la pente a lieu du nord au sud, c'est-à-dire des dunes à la Haute-Colme, et même à environ un kilomètre au-delà.

Les terrains au nord de la route Impériale de Dunkerque à Gravelines sont plus élevés et vont toujours en montant jusqu'aux dunes ; à l'Est de Dunkerque, les terres au nord du canal de Furnes vont aussi en montant vers les dunes ; cette similitude dans les divers terrains démontre suffisamment que les sables se sont toujours amoncelés sur les laisses de haute mer, et ont formé les dunes que l'agriculture a repoussées constamment vers la mer, en les y fixant par des plantations sur le rivage.

Un fait digne de remarque démontre d'une manière évidente que le sol où se trouve assis Dunkerque était un petit mamelon, peu sensible, il est vrai, mais assez élevé pour former un îlot qui sortait de la mer. Du côté ouest, en longeant la route Impériale de Calais, le sol, en sortant de Dunkerque, est coté 7^m 99 ; à Grande-Synthe, 7^m 75, et à Loon, 5^m 67 ; c'est un peu plus loin que finissait l'îlot. Du côté Est et en longeant la route de Furnes, le sol, en sortant de Dunkerque, est coté 7^m 00, et à Zuydcoote 5^m 35 ; c'est donc en cet endroit que finissait l'îlot à l'Est. Du côté sud, en longeant la route Impériale de Lille, le sol, en sortant de Dunkerque, est coté 6^m 50 ; en face du fort Louis, 5^m 40 ; c'est à partir de cet endroit que finissait l'îlot, du côté sud ; le reste du terrain va en s'abaissant en allant vers Bergues, où il est coté 3^m 00, ce qui porte à croire que c'est en cet endroit qu'était formé le fond de la passe qui communiquait du golfe formé par la rivière de l'Aa à Watten, avec la mer, entre Furnes et Nieuport.

La direction des nombreux canaux qui sillonnent le territoire wateringué et qui versent leurs eaux dans la partie la plus basse, qui est la Haute-Colme, démontre d'une manière qui peut bien être vraisemblable comment on a opéré dans les anciens temps ; comment on a conquis sur les terres couvertes par les eaux de la mer, et comment se sont formées les dunes en amont. Il est bon de remarquer que ces canaux sont coupés transversalement par d'autres plus grands qui forment des limites ou divisions qui pourraient bien indiquer les grandes périodes du dessèchement dont il va être parlé ; plus on se rapproche du cours de l'Aa, plus on voit changer la direction des watergands et se rapprocher de plus en plus du parallélisme de cette rivière ; ce qui démontre aussi qu'en avançant sur la mer, on gagnait en même temps sur le rivage de l'Aa, qui avait alors une grande largeur, et qu'on est parvenu à limiter dans son lit actuel, en la bordant par des digues, afin d'empêcher ses débordements. Tous les terrains longeant les deux côtés de cette rivière sont formés de ses alluvions et sont d'une grande richesse pour l'agriculture.

Le territoire à l'Est du canal de Bergues se trouve également dans les mêmes conditions ; les nombreux watergands qui le traversent ramènent toujours les eaux dans la partie la plus basse, située à l'extrémité sud ; ces watergands sont aussi coupés par d'autres canaux plus grands qui offrent également l'exemple de la division des conquêtes faites sur la mer.

Ainsi, l'on peut dire que dans le territoire Est toutes les eaux descendent du nord au sud et vont de l'est à l'ouest pour se verser à la mer par les passages ménagés à Dunkerque ; que sur le territoire ouest toutes les eaux se dirigent aussi du nord au sud et vont de l'est à l'ouest, pour se jeter à la mer, également par les mêmes passages.

Il n'est pas téméraire de conjecturer que le terrain conquis sur la mer se trouve compris entre le pied des terres hautes qui bordent le chemin de Loo et les dunes actuelles; et certes, si l'on pouvait retrouver la date des premiers travaux d'art qui servent aujourd'hui de retenue à Dunkerque et à Gravelines, on aurait facilement l'époque des différentes grandes périodes où le dessèchement a été fait et qui se trouvent indiquées par le cours même des canaux qu'on a rendus navigables par la suite.

Cette division peut être établie comme suit :

A l'Est du canal de Bergues, 4 périodes.

1re. Tout le territoire compris entre le versant des terres hautes jusqu'à la Basse-Colme.

2e. Le territoire renfermé entre la Basse-Colme et le canal des Moëres.

3e. Toutes les terres au nord du canal des Moëres jusqu'au canal de Furnes.

4e. La partie de terre comprise entre le canal de Furnes et les dunes actuelles.

A l'Ouest du canal de Bergues, 4 périodes.

1re. Tout le territoire compris entre le versant des terres hautes jusqu'à la Haute-Colme

2r. Tout le territoire renfermé entre la Haute-Colme et le canal de Bourbourg.

3e. La partie de terre comprise entre le canal de Bourbourg et la route Impériale de Dunkerque à Gravelines.

4e. Toutes les terres au nord de cette route jusqu'aux dunes actuelles.

Nécessairement, chacune de ces périodes a dû être longue, et ce ne peut être que par petites parties qu'on y est parvenu ; on a entouré le terrain de canaux plus grands, retenus par des digues que plus tard on a rendues navigables, et le territoire inscrit a été divisé comme l'indiquent les watergands qui les séparent, et rendu à l'agriculture au fur et à mesure du dessèchement.

Partout, dans les terres situées à l'ouest de Dunkerque, on remarque des alluvions provenant de la rivière de l'Aa; les terrains à l'Est en sont dépourvus et sont d'une tout autre nature ; il n'y a de similitude entre elles que le sable que l'on trouve toujours mélangé de coquillages. Les plus basses terres renferment le plus souvent des tourbes, à l'exception des Grandes et des Petites Moëres.

Par ce qui précède, il est facile de remarquer que c'est au moyen de canaux de dessèchement qu'on est parvenu à conquérir le terrain aujourd'hui soumis aux Wateringues; ces canaux servaient aussi pour le transport des denrées ; il n'y avait pas d'autre communication possible sur un terrain à tout moment tourmenté par les envahissements des eaux de la mer et de l'Aa,

ARTICLE 2.

Description des dunes, ce que l'on y fait, et mode d'exploitation à suivre pour la mise en culture

Pénétrer dans les dunes par des chemins ou par des canaux pour y faciliter le transport des engrais, semble la première chose à faire, en même temps que leur fixité du côté de la mer pour les abriter des vents de nord et contre l'envahissement des sables apportés par les vents venant de la cote. On trouve çà et là quelques percées dans la chaîne des monticules qui les bordent au sud, qu'il serait facile d'élargir et de mettre en communication directe avec les routes de Furnes et de Calais, ou avec les watergands qui existent entre ces routes et les dunes, notamment dans les dunes à l'est de Dunkerque, qui sont les plus considérables de l'arrondissement et qui paraissent les plus rebelles à l'agriculture.

Certes, les dunes avaient une grande largeur dans les anciens temps, elles s'étendaient fort au sud, comme le prouvent d'anciens vestiges que l'on retrouve à Ghyvelde contre les Grandes Moëres et au sud du canal des Moëres dans les environs du pont à Cochons. C'est en ramenant toujours vers le sud les eaux qui y étaient contenues, où de grandes artères les recevaient pour les conduire à la mer, c'est en entretenant avec soin des plantations sur les terrains nouvellement conquis, sur les laisses de mer, qu'on est parvenu à se rendre maître des dunes et à les rendre à l'agriculture. C'est encore aujourd'hui ce qu'il faut faire pour conquérir les dunes à l'est de Dunkerque: pour les dunes à l'ouest, on suit un autre système; c'est d'entourer une partie de la plage au fur et à mesure qu'elle s'exhausse par des digues d'enveloppe capables de résister aux efforts des vagues dans les marées montantes. Ce mode de repousser la mer tient à la nature de la côte qui est formée en grande partie par les alluvions provenant de la rivière de l'Aa, qui débouche à Gravelines, et par les vases du port de Dunkerque, lesquelles, mêlées aux sables, les rend plus compactes et moins susceptibles d'être emportés par les vents, pour former des dunes, et donnent de suite une excellente terre propre à l'agriculture. Ces mêmes terres, ayant de la consistance, servent à établir des digues d'une grande résistance qui abritent parfaitement les terres qui y sont renfermées ; elles sont aussi d'une grande fertilité. Des concessions obtenues depuis peu d'années, et circonscrites au moyen de digues, sont actuellement en pleine culture et d'un très bon rapport. La supériorité des dunes à l'ouest est évidemment due aux considérations suivantes.

Que les courants de la Manche viennent de l'ouest ou de l'est, il est à supposer que la direction change dans les marées ; les eaux de la rivière de l'Aa et celles sortant du port de Dunkerque, en se jetant dans la mer, les rencontrent et ne peuvent les pénétrer ; elles se trouvent refoulées par un remous et forcées de suivre la plage ; ces eaux se trouvant précisément dans le passage le plus étroit de la Manche, reçoivent la pression de la mer du Nord, de l'Océan atlantique et de la côte d'Angleterre ; elles sont forcées de se rejeter sur la côte, y déposent le limon dont elles sont chargées, et forment une plage qui prend une telle largeur, qu'elle devient même menaçante pour le port de Dunkerque, et il serait peut-être à désirer, si l'on ne veut pas en voir combler entièrement l'entrée, de voir cesser les concessions qui en approchent de trop près.

Ces eaux n'ont aucune influence sur la formation des dunes à l'Est de Dunkerque ; elles sont séparées, comme on vient de le voir, par le chenal ; c'est ce qui occasionne la grande différence qui existe dans la nature des dunes de l'ouest et de l'est ; c'est donc par d'autres moyens et par des efforts et des sacrifices plus grands qu'on parviendra à rendre à l'agriculture les dunes de l'Est, qui sont d'une superficie d'environ 1,400 hectares.

A l'extrémité Est de ces mêmes dunes, existe un watergand nommé le Grand-Mardick, qui limite la frontière de France avec la Belgique ; le sol, en cet endroit, se trouve plus bas sur une longueur d'environ deux kilomètres, et n'a moyennement qu'un mètre plus élevé que le plan d'eau normal du canal de Furnes ; il en est de même pour le Petit-Mardick, qui se trouve à un kilomètre à l'ouest du précédent. L'intérieur des dunes, en face de ces deux watergands, est formé de plusieurs cavées pouvant de suite former une bonne exploitation ; le sol des parties basses de ces cavées n'est que de $0^m 60$ plus élevé que les terres au sud des dunes ; l'eau potable a été trouvée en plein été (1857), à $0^m 80$ au-dessous du sol, correspondant à $0^m 50$ au-dessus des eaux du Grand-Mardick, qui se trouve en libre communication avec le canal de Furnes ; ces différents plans de niveau font voir qu'il serait facile de faire communiquer des canaux dans l'intérieur des dunes ; qu'il suffirait tout simplement, afin de ne pas perdre les eaux des dunes qui peuvent être très-précieuses pour l'agriculture en temps de grande sécheresse, d'établir un sas au moyen de deux éclusettes placées à 20 ou 30 mètres l'une de l'autres (pour 1500 francs on construit une de ces écluses) ; de curer le Grand-Mardick de manière à pouvoir y laisser passer de petits bateaux ; ces éclusettes seraient placées dans la percée qui se trouve à l'extrémité de la frontière, dont la crête n'a que 4 mètres au-dessus du sol environnant, et son épaisseur moins de 20 mètres à la base ; cette communication servirait aussi pour les dunes belges, dont les cavées sont attenantes aux cavées des dunes françaises. Dans ces cavées on a commencé des essais de culture, elles paraissent assez productives en toutes sortes de plantes ; les habitants de cette contrée y font paître leurs bestiaux, qui y trouvent la vie ; quelques-uns ont essayé en petit de cultiver, comme il vient d'être dit ; ils ont semé du seigle, planté des légumes, fait quelques plantations ; tous ces essais ont assez bien réussi : les pommes de terre rendent un bon produit ; chaque année, le champ s'agrandit, malgré le peu de soin et les faibles ressources qu'ont les cultivateurs, qui sont de simples ouvriers toujours obligés d'aller travailler ailleurs, et de n'avoir que peu de temps à consacrer à leur culture.

Une cause de désolation pour ces pauvres gens, c'est le sable volant qui se trouve emporté par les vents de Nord; il s'arrête au pied des jeunes plantes, les encaisse et apporte un grand obstacle à leur développement; c'est donc non seulement des communications, mais aussi des abris qu'il faut créer; ce sont des plantations pour fixer les sables au nord des dunes et sur les monticules les plus élevés dans l'intérieur, pour les empêcher de se dénuder et d'être emportés vers le sud par les vents de mer. Ces plantations apporteront un abri salutaire aux terres cultivées; les parties élevées dans l'intérieur se conserveront comme abri, n'auront plus à craindre de nouveaux sables; il se formera au pied des plantations une terre végétale et productive par les amas de végétaux qui s'y accumuleront.

C'est par les parties cultivables qu'il faut tenter des essais de culture; c'est dans les belles plaines formées par les cavées qui se rattachent toutes par des ramifications qu'il est facile de suivre, toutes couvertes de verdures, d'arbrisseaux de toutes sortes, mais à l'état nain, faute de culture; c'est là qu'il faut essayer, en même temps qu'en fixant les sables contre la laisse de mer, pour être payé de suite de son travail, et pour servir l'intérêt des capitaux employés. Ces plaines donnent la vie à des troupeaux de bêtes à cornes, fournissant un lait excellent et abondant, et faisant vivre les habitants de ces malheureuses contrées; cependant, malgré cela, rien n'est rendu à la terre qui produit ce bienfait; au contraire, qu'arrive-t-il dans ces pâturages déjà trop maigres? Les jeunes plantes sont rongées jusqu'à la racine au fur et à mesure qu'elles paraissent à la surface du sol, par les bestiaux qu'on laisse à l'état libre et qui en sont très-friands; elles n'ont pas le temps de s'y enraciner et de s'y affermir; en sortant de terre, elles disparaissent; pas d'engrais pour leur donner la sève indispensable à leur croissance, pas de culture; le fumier des bestiaux qui y paissent n'est même pas rendu à la terre qui l'a produit; au fur et à mesure qu'il paraît, il est ramassé par une foule de malheureux qui parcourent constamment les dunes dans tous les sens, la hotte sur le dos; il est ensuite étendu près des habitations pour le faire sécher, puis après brûlé pour les besoins domestiques. Il ne faut donc pas s'étonner si les dunes ne produisent pas et qu'il paraisse impossible à certaines gens de les rendre productives.

Toutes les parties élevées sont entièrement dénudées; on voit bien, çà et là, quelques maigres plantes, de la broussaille et de la mousse desséchée faute d'abris; tout cela est enlevé par les habitants pour servir de chauffage, rien n'est rendu à la terre; ces mêmes plantes, quoique rares, enfouies dans le sable au moyen d'un léger labour fait dans la saison favorable, finiraient par donner une bonne terre végétale; mais non, rien n'est fait dans ce but, on prend tout ce qui vient seul sur cette terre sans s'inquiéter de l'avenir.

Certes, ce ne peut être que par des expériences plusieurs fois répétées qu'on pourra arriver à trouver le meilleur mode à suivre pour cultiver les dunes; ici on ne peut traiter cette importante question que par des observations plus ou moins judicieuses, et ce n'est, je le répète, qu'après avoir fait des essais sur des plantes diverses, qu'on pourra se fixer sur un choix présentant des chances de succès et de réussite: mais cependant il est un principe sur lequel on ne peut pas s'écarter; c'est de l'engrais qu'il faut, c'est de pouvoir aborder dans l'intérieur des dunes, c'est de mettre les parties où il y a peu de chose à faire pour les rendre cultivables, en communication avec nos chemins et nos canaux, et de fixer les sables par des plantations sur les dunes qui bordent la mer. Jusqu'à présent, tout démontre que l'on ne s'occupe que de fixer la partie sud qui borde les terres cultivées, cela se comprend assez pour quelques parties menacées par l'envahissement des sables volants; on cherche à les assurer par des plantations dans lesquelles les sables s'arrêtent, s'y accumulent, forment des monticules qui vont toujours en s'élevant et qui finissent par devenir menaçants; ce serait donc le contraire qu'il faudrait faire; il ne faut que parcourir les dunes pour s'en convaincre et reconnaître que ce mode est vicieux. En effet, voici ce qui arrive: la partie nord qui n'est pas abritée est constamment battue par les vents et transportée au sud, où les plantations les arrêtent; là, il se forme une chaîne de monticules qui va toujours en augmentant et devient même un sujet de craintes pour les propriétés riveraines; en plusieurs endroits des plantations disparaissent, recouvertes par les sables volants; des arbres, déjà d'une bonne force, sont ensablés jusqu'aux premières branches; d'autres ont entièrement disparu. Tout démontre que c'est ce mode de plantation au sud qui a formé la chaîne de monticules qui borde aujourd'hui la terre cultivée, et que c'est l'inverse qu'il faut faire. C'est actuellement à l'extrémité nord qu'il faut porter toute son attention, et ne pas être trop pressé de jouir; c'est cette partie qu'il faut à tout prix fixer par des plantations propres au sol, pour empêcher son déplacement et apporter les plus grands soins à sa conservation. Cette partie de dunes, une fois bien fixée et d'une manière permanente, il s'en formera de nouvelles en avant qui reculeront la limite de la haute mer et qui viendront s'ajouter aux premières, et ainsi de suite, par périodes, jusqu'à ce que l'on recommence une nouvelle ligne de plantations.

Il y a beaucoup de gens qui prétendent que c'est au moyen de la petite culture qu'on parviendra à se rendre maître des dunes; ils peuvent avoir une apparence de raison, à en juger par ce qui se passe aux abords des agglomérations, comme par exemple aux Huttes, près de Gravelines, au hameau des Pêcheurs, près de Mardick, et au Rosendael, près de Dunkerque; la présence sur ces lieux d'une population active, qui sent le besoin d'agrandir le sol sur lequel elle végéte, le besoin d'y vivre, les ressources que procurent un certain nombre de bras qui ne cessent de combattre l'envahissement des sables, la facilité des engrais produits par les habitants eux-mêmes et leurs bestiaux, la proximité des centres de population pour se les procurer, sont les véritables motifs du succès que l'on peut remarquer sur ces parties de dunes; mais ce serait un abus de croire que ce mode puisse réussir et être pratiqué partout ; il n'est pas facile de déplacer des populations pour les implanter sur un sol aride et improductif où tout est à créer; ce ne peut être que par des essais assez grands pour pouvoir former une exploitation moyenne qui puisse se suffire, moyennant quelques sacrifices en commençant, qu'on y parviendra ; il y a des cavées ou plaines qui ne demandent qu'à être cultivées et qui sont susceptibles de former de suite une moyenne ferme ; c'est par là qu'il faut tenter les premiers essais et se faire un revenu qui empêchera le découragement, et surtout poursuivre avec persévérance et ne reculer devant aucun sacrifice pour la fixité des dunes du côté de la mer. Un obstacle non moins grand et dont il faut s'occuper de suite, ce sont les communications avec l'intérieur des dunes ; il n'y a pas de chemin, les piétons seuls peuvent y aborder; c'est donc une première nécessité que d'établir des communications.

Pénétrer dans les dunes par des chemins ordinaires, seulement tracés dans un sable léger, est une chose impraticable pour le moment ; établir des chemins cailloutés, ce serait trop coûteux ; la pénétration par des canaux me semble préférable, les chemins viendront après : les canaux donneront une grande facilité pour les transports des engrais par de petits bateaux ; c'est d'ailleurs le seul mode qui a été suivi dans des temps bien antérieurs pour les premières conquêtes faites sur la mer ; c'est par des communications semblables qu'on exploite encore aujourd'hui le bassin de l'Aa, aux environs de St-Omer, sur une largeur de plus de six kilomètres.

On ne doit rien craindre pour l'ensablement des canaux, les besoins incessants de les parcourir les feront curer à temps ; ils fourniront un engrais précieux pour la culture. On a pour exemple un étang artificiel à la Panne (Belgique), situé à cent mètres au plus de la laisse de mer et en pleines dunes; dans l'été, il se couvre de plantes aquatiques qui précipitent leurs débris sur le fond chaque hiver, et qui forment une vase précieuse qui sert à étendre la culture autour de cet étang.

En résumé, ce n'est que par le moyen des canaux ou des chemins, et en facilitant la pénétration dans l'intérieur des dunes ; ce n'est qu'en fixant les sables le long de la laisse de mer et les parties les plus élevées pour les empêcher de se dénuder, et en cultivant de suite et en grand les cavées abritées qui sont déjà susceptibles d'un certain produit, qu'on parviendra à rendre à l'agriculture la totalité des dunes.

Un travail d'une grande importance, et qui aurait eu une grande influence et accéléré la culture des dunes à l'Est, c'est le projet d'un chemin de fer les traversant dans toute leur longueur, pour relier Dunkerque avec la Belgique ; l'initiative a été prise par M. Malo, qui est propriétaire d'une grande partie, et a été continuée par M. Auguste Petyt, négociant, qui en a fait étudier les détails avec soin; le projet a été présenté par lui au ministère, sa solution est pendante; il est à désirer pour la prospérité du pays qu'elle ne se fasse pas trop attendre.

Pour fixer un choix sur le mode à employer pour la culture des dunes, il fallait rechercher comment on était parvenu à repousser la mer dans ses limites actuelles, et j'ai été dans la nécessité de m'éten-

dre sur des observations portant sur la conquête du territoire aujour-
d'hui wateringué; ces deux questions se rattachent.

Une lacune regrettable et qui aurait pu jeter quelque lumière et
déterminer les époques des grandes périodes observées dans le dessèchement de ce territoire, c'est l'absence totale de renseignements sur
les époques où furent exécutés les travaux d'art qui avaient pour
objet de les préserver des eaux marines.

CHAPITRE XIV.

Le port de Dunkerque considéré comme port militaire.

Le commerce de Dunkerque s'occupe beaucoup de l'agrandissement du port en multipliant ses bassins à flot qui deviennent insuffisants pour ses besoins toujours croissants et étendus ; d'autres considérations à l'ordre du jour font craindre pour la sûreté intérieure des navires de la Manche.

En général, tout le monde se préoccupe du danger qui menace nos ports de France; partout on craint les canons à longue portée; il semble que c'est une maladie venue d'Outre-Manche, qui a fait invasion chez nous, et cependant il n'y a rien à craindre : la valeur française n'est-elle pas toujours la même ? Ce qui vient de se passer contre une armée autrichienne n'est-il pas fait pour rassurer les esprits les plus craintifs ? Ces moyens de destruction que l'on craint tant et qui paraissaient tant effrayer, n'existent-ils pas chez nous comme chez les autres peuples. A des canons à longue portée, ne peut-on pas opposer des canons à longue portée ? A des batteries flottantes toutes bardées de fer et à l'épreuve de toute atteinte, ne peut-on pas opposer, à l'entrée des ports, des batteries également flottantes du même métal, réunissant les mêmes avantages et ayant de plus les moyens de venir se ravitailler au port ? En vérité, on peut sans témérité traiter tout ceci de panique, panique suggérée par des têtes faibles et craintives qui n'ont aucune notion de la guerre, et que le temps fera disparaître. Néanmoins, puisque cet état de choses existe, nous allons exposer quelques raisonnements sur les améliorations qu'il serait possible de faire au port de Dunkerque, si les dépenses ne paraissent pas trop élevées.

Le port de Dunkerque se trouve dans une position on ne peut plus favorable à son extension et à sa sécurité. Il a déjà été question de le prolonger jusqu'à Gravelines par le canal de Mardick, en le rendant accessible aux navires de guerre, projet gigantesque s'il en fût. Aujourd'hui que le système des bouches à feu est entièrement changé, on paraît encore craindre. On prétend que les navires qui y viendraient chercher un abri seraient encore exposés aux feux foudroyants dirigés par-dessus les dunes par des bombardes en fer qui peuvent approcher très-près des côtes. Par cette raison, d'autres voudraient voir le port s'étendre jusqu'à Bergues et le rendre port militaire, projet non moins grand que le premier.

Certes, il n'y a rien d'impossible : cette seconde moitié du XIXe siècle est destinée à voir s'accomplir de grandes choses et se réaliser bien des faits extraordinaires. Il est certain qu'avec des travaux comme ceux dont il vient d'être parlé, Dunkerque deviendrait un des premiers ports de France; sa position, dont l'importance a été tant de fois reconnue, ne peut pas souffrir de contradiction, et il est évident que si les navires de guerre pouvaient parvenir à y entrer, il serait d'une utilité incontestable pour nos côtes. C'est d'ailleurs un besoin reconnu déjà bien des fois par des écrivains éminents qui ont traité cette matière; mais ce dont on ne paraît pas se préoccuper assez, c'est de savoir si ces mêmes navires de guerre pourront y entrer, et cependant c'est la première existence d'un port. Avant tout il faut donner les moyens d'y aborder.

Il existe des bassins de chasse qui fonctionnent d'une manière admirable et qui peuvent, pour le moment, lancer dans l'espace de 3/4 d'heures 950,000 mètres cubes d'eau à la mer, et qui sont destinés, après leur organisation complète, à lancer dans le même espace de temps deux millions de mètres cubes. Une masse d'eau aussi considérable devrait balayer le port et percer le banc de manière à ne rien laisser à désirer. Eh bien! les effets produits se bornent à entretenir l'entrée du port avec peine, et ne parviennent pas à en rendre l'accès plus facile et exempt de danger; l'obstruction marche avec une rapidité effrayante qui menace l'existence du port et même les moyens de dessèchement du pays. Il y aurait donc à rechercher s'il n'y aurait pas un autre moyen qui soit plus efficace; ce n'est pas à s'obstiner à combattre un mal déjà fait qu'il faut s'épuiser; il faut, ce me semble, en rechercher la cause, et une fois cette cause bien connue, il deviendra peut-être beaucoup plus facile d'arriver à un résultat satisfaisant.

Il ne faut pas non plus perdre de vue le dessèchement du pays; il a bien aussi son importance, la nature d'une grande partie du territoire de l'arrondissement exige qu'on n'y apporte aucune atteinte.

Pour arriver à résoudre toutes ces diverses questions, il n'est jamais trop de renseignements; ils peuvent être faux ou vrais, et contenir des erreurs; malgré cela, ils peuvent avoir leur utilité. De leur discution il peut sortir une lumière qui fasse découvrir le vrai mal. Sans avoir la prétention de donner des faits exempts de tout reproche, il est du devoir de tout bon citoyen de faire connaître ceux qui lui sont inspirés et que son expérience lui a fait découvrir; il est réservé quelquefois à des écrivains obscurs de faire des découvertes autour desquelles on a sans cesse tourné sans les apercevoir. C'est ce que nous allons chercher à examiner en généralisant dans les détails qui n'appartiennent qu'à l'étude approfondie d'un projet et qui ne peuvent être traités dans un ouvrage comme celui-ci. Qu'ils donnent matière à penser à des hommes spéciaux et plus capables, qu'ils servent, s'il est possible, à jalonner de plus grandes idées, c'est tout ce qu'il nous est permis d'en espérer.

ARTICLE 1er.

Port de Dunkerque relié à Gravelines.

Le projet de faire un port qui relierait Dunkerque à Gravelines n'est pas nouveau. Il est parfaitement réalisable. Le Grand Mardick se trouve déjà ouvert sur près de 3 kilomètres; il en resterait environ 16 à creuser pour aller rejoindre le port de Gravelines. La distance du canal de Mardick au milieu de la passe qui forme la rade est d'au moins 4 kilomètres; il est facile de remarquer qu'avec une distance aussi rapprochée, les navires disséminés sur toute la longueur de ce nouveau port et d'une aussi grande étendue présenteraient un front qui donnerait, en bien des endroits, prise à un ennemi qui serait bien renseigné sur la situation des lieux, et que pour le préserver de toute surprise et en défendre les approches, il y aurait à établir sur toute la longueur des travaux de défense qui entraîneraient une dépense considérable. Il est vrai que les navires occupant une aussi longue ligne n'auraient pas beaucoup à craindre des canons à grande portée d'un tir incertain, dirigé par-dessus des dunes couronnées de fortifications, d'autant moins que, par la suite, il sera très-difficile de les apercevoir, car tout tend à faire disparaître de la marine les navires à voiles pour les remplacer par des navires à vapeur, principalement pour les navires de guerre.

Mais si un travail semblable était exécuté, il apporterait nécessairement un grand changement dans le dessèchement du pays. La partie de la 1re section des Wateringues qui se trouve au nord de la route impériale se débarrasserait facilement de ses eaux, le canal de dérivation reste toujours à sa disposition. Il n'en est pas de même pour la partie au sud de la même route et pour les 2e et 3e sections; l'accès au canal de dérivation leur serait totalement interdit, et cependant, de toutes les combinaisons qu'on pourra essayer, il faudra toujours que les eaux débouchent dans le chenal. Il ne faut pas penser de les y faire déboucher par la Cunette, elle se trouve déjà trop insuffisante pour les eaux de la 4e section; il faudrait donc combiner ce travail de manière à ce que le canal de Bergues et celui de Bourbourg restassent libres pour le dessèchement et pour la navigation intérieure. C'est un sujet qui n'est pas à négliger. Il a une importance qui intéresse tout un territoire qui a une très-grande valeur agricole et d'une superficie qui approche de 30,000 hectares.

On pourrait faire communiquer le nouveau port projeté, avec le canal de Mardick, en prolongeant l'arrière-port autuel à travers l'Ile-Jeanty, pour le faire déboucher un peu à l'ouest de l'écluse du Jeu-de-Mail; de cette manière, les eaux du pays s'écouleraient, comme par le passé, à travers le port, et les navires mis à l'abri dans le bassin de la Marine, et dans celui projeté à l'ouest, pour lequel va être ouverte une enquête, n'apporteraient plus aucun obstacle à l'écoulement des eaux. Cette combinaison donnerait au nouveau bassin pour les chasses qui pourraient être organisées avec une partie du canal de Bergues et le canal de ceinture, et qui seraient d'une très-grande puissance pour le déblai du port, en agissant suivant son axe. Il contribuerait aussi à l'amélioration de l'hygiène, en permettant de renouveler plus souvent les eaux du port, et de déblayer son fond par un courant à marée basse. Le canal de dérivation serait aussi converti en un bassin de chasse, puisque rien ne s'y opposerait plus au sujet du dessèchement. Rien n'oblige de poursuivre le port jusqu'à Gravelines; il suffirait dans la partie du canal de Mardick, qui se trouve déjà creusé sur environ 3 kilomètres, d'établir un barrage contre le débouché du canal de Bourbourg, pour le séparer du canal de ceinture, afin de laisser celui-ci libre pour la navigation pluviale et le dessèchement du pays.

Ce nouveau port de 3 kilomètres de longueur, les bassins de la Marine et celui qu'il est question de construire à l'ouest, présenteraient une capacité qui pourrait suffire à tous les besoins du commerce et d'une marine militaire parfaitement abritée.

Ce sont de grands travaux et de grands changements qui demandent de grandes études et dont il est difficile de saisir de suite l'ensemble; l'idée une fois donnée, c'est aux personnes sérieuses et compétentes qu'il appartient de la bien juger. De leur appréciation sincère dépend l'avenir du port de Dunkerque, qui se trouve gravement compromis par l'état actuel de son entrée.

ARTICLE 2.

Port de Dunkerque relié à Bergues.

Le projet de se servir du canal de Bergues pour en faire un port qui relierait ces deux villes a déjà été traité. Depuis bien des années, l'idée en a été donnée, et même des travaux ont été entrepris à ce sujet. Déjà en 1615 il en était question, et après un siècle écoulé, la navigation était libre entre Bergues et la mer, sans que les navires fussent obligés de rompre charge à Dunkerque.

Le port de Bergues était institué, comme le constate le dispositif de l'arrêt du Conseil d'Etat du Roi, du 21 juillet 1716, et un certificat constatant la présence dans le port du navire danois nommé le *Chasseur*, capitaine Schrang, certifié par le chevalier Du Portal, le 28 octobre 1788. Mais cet état de choses ne pouvait pas durer; l'intérêt du dessèchement et des difficultés survenues entre Dunkerque et Bergues devaient y mettre un terme. Après bien des requêtes et bien des débats, Dunkerque est resté en paisible possession de son port et de son commerce. Les causes qui ont entraîné une rivalité entre ces deux villes n'existent plus; autre temps, autres mœurs. Les besoins ne sont plus les mêmes; pour parvenir à de grandes choses, il faut s'unir et former un seul faisceau. Pour mieux lutter et obtenir des avantages d'un intérêt qui appartient aux deux localités, les deux villes sont dans la position la plus avantageuse pour s'entr'aider et chercher à étendre de plus en plus leurs relations au dehors. Le port de Dunkerque réuni à Bergues peut satisfaire les vastes intérêts de ces ceux villes, soit sous le rapport du commerce, soit sous le rapport de la défense de nos côtes maritimes. L'agrandissement dont il s'agit est la conséquence de ce qui se passe à côté de nous; il suit l'impulsion donnée par la ville de Lille, la ville industrieuse qui s'enorgueillit aussi d'être la sentinelle vigilante de notre frontière de terre, comme nous sommes celle de la frontière maritime; elle fonde tout son espoir sur son port qui ne se trouve qu'à deux heures de marche par le chemin de fer. Roubaix, Tourcoing, Valenciennes, Douai, nobles villes d'une carrière laborieuse et d'une vaillance militaire éprouvée, toutes ont un intérêt majeur pour la conservation du port de Dunkerque et son agrandissement. Ce n'est donc plus une simple navigation libre avec la mer qu'il faut à Bergues; c'est quelque chose de plus grandiose; c'est de ne faire qu'un seul port de Dunkerque avec Bergues. L'intérêt et la conservation du port existant en dépendent. C'est un projet grandiose, il est vrai, mais il n'est pas impossible. On a vu s'accomplir des choses plus extraordinaires.

Ce projet est tout aussi réalisable que celui de faire un port avec le canal de Mardick; il ne nécessite pas de travaux de fortifications; son étendue serait beaucoup moins longue que celle de Dunkerque à Gravelines; le canal est déjà creusé sur toute la longueur, et n'a besoin que d'être modifié. Dans ce projet, les navires pourraient-ils se trouver mieux à l'abri des projectiles lancés par les canons à longue portée? C'est là ce qu'il faut examiner, et la question ne serait pas difficile à résoudre s'il était seulement question d'établir le port à Bergues en conservant le canal comme chenal. C'est avec le canal même que l'on propose de faire un port. Dans ce cas, le front du port faisant face à la mer ne présenterait en prise qu'une centaine de mètres, et encore serait-il entièrement caché par la ville. Mais, d'un autre côté, il pourrait être pris d'enfilade ou d'écharpe par des bombardes qui viendraient prendre position dans la rade en face du port, et dont les projectiles pourraient porter jusqu'à moitié chemin de Bergues. La distance jusqu'à la rade n'étant que de 8 kilomètres, une fois une direction bien prise, il est évident que les coups seraient bien plus dangereux que ceux dirigés sur un front qui présente une longue face avec une faible épaisseur; cela est hors de doute. Mais on a l'avantage de pouvoir profiter des 4 à 5 kilomètres qui restent jusqu'à Bergues. Cette partie du port serait totalement à l'abri de toute atteinte, et d'ailleurs, comme il a déjà été dit, à des moyens d'attaque on oppose des moyens de défense, et l'on peut tout aussi bien défendre les approches de la rade avec des canons à longue portée que de l'attaquer.

Ce nouveau port, vu sa grande étendue, pourrait être divisé en deux parties, l'une destinée au commerce et l'autre à la marine militaire. De cette manière, les intérêts seraient entièrement séparés, et tous les navires, en cas de guerre, pourraient se réfugier du côté de Bergues.

Dans ce projet, le canal de dérivation reste toujours le même pour le dessèchement des 1re, 2e et 3e sections des Wateringues; il nécessite seulement l'établissement d'un large watergand longeant le chemin de fer jusqu'à Dunkerque. La Basse-Colme qui sert au dessèchement du territoire au sud de la chaussée d'Hondschoote, et dépendant de la 4e section, continuerait d'être mise en communication avec la Haute-Colme et se servirait du nouveau watergand pour y verser ses eaux dans les moments de grandes crues; il n'y aurait aucun changement à apporter au dessèchement pour le reste de cette section.

D'autres faits traités à la suite pour le déblai du port feront connaître tout ce qu'il y aurait d'avantageux à suivre ce projet.

Pour épuiser tous les moyens de mettre notre marine à l'abri, nous allons en faire connaître un troisième qui n'est pas plus impossible que les deux qui viennent d'être cités, et que la force des choses amènera peut-être plus tôt qu'on ne pense et au détriment même de Dunkerque.

ARTICLE 3.

Le Port de Dunkerque poussé jusqu'à Zuydcoote.

Ce troisième projet serait tout aussi réalisable que les deux premiers; il communiquerait par les terres avec l'entrée de la passe qui se trouve en face de Zuydcoote. Les Anglais, nos voisins, ont déjà eu l'idée de faire un port à l'Est de Dunkerque; ce n'est donc pas non plus une pensée nouvelle. Il est probable que dans l'établissement de ce port, l'intention était de contrebalancer celui de Dunkerque et de paralyser son commerce, s'il était possible. L'emplacement qu'ils avaient choisi se trouve en face d'Adinkerque (Belgique), malgré la présence sur ce point d'un énorme banc nommé Traepegeer. C'est entre ce banc et celui nommé Hils-Banck que se trouve la passe de Zuydcoote; la rade formée par ces bancs s'étend à l'Est à environ 4 kilomètres, et se termine par une impasse vis à vis de la frontière : en moyenne, la rade formée par la passe de Zuydcoote se trouve partout à environ 4 kilomètres du canal de Furnes et parallèlement.

Le canal de Furnes est déjà creusé sur une belle largeur; les terres qui lui sont contiguës sont fortes et élevées, propres à toute espèce d'établissement; on pourrait se servir de ce canal pour en faire un port jusqu'à Zuydcoote. La longueur est de 9 kilomètres; il resterait la largeur à régler et à ouvrir un chenal à travers les dunes, en face de la passe. La communication avec le port actuel serait peut-être difficile à établir; on aurait, comme au projet par Mardick, l'avantage d'être couvert par les dunes, et on aurait du plus celui de se trouver directement en face de la passe, avantage immense. On n'aurait plus à craindre la concurrence d'un port à Adinkerque; il faudrait également couvrir les dunes par des travaux de défense qui entraîneraient des dépenses considérables.

Déjà, il y a un siècle, il était question d'établir un port à Zuydcoote pour remplacer celui de Dunkerque qui était menacé d'une destruction complète par le traité de paix conclu à Fontainebleau le 1er novembre 1761. Le projet de ce port, ainsi que les travaux de fortifications qui devaient le couvrir, fut confié aux officiers du génie militaire à Dunkerque; c'est le succès des armes de la France dans la guerre de l'indépendance de l'Amérique qui sauva Dunkerque et qui fit oublier le port de Zuydcoote.

Le dessèchement du territoire de la 4e section, qui se fait par la Cunette, ne pourrait plus avoir lieu par ce canal; il faudrait une autre combinaison qu'il n'est pas facile d'apercevoir du premier coup d'œil; le dessèchement des 1re, 2e et 3e sections ne subirait pas de changement.

Mais quel que soit le système que, par la suite, on adopterait, il restera toujours la question la plus importante à résoudre, et cependant c'est peut être celle dont on se préoccupe le moins. C'est l'augmentation toujours croissante du banc à l'entrée du port qu'il faut empêcher, pour donner accès aux navires à grand tirant d'eau. C'est aussi le déblai du port qu'il faut opérer. Jusqu'à présent on ne pense qu'aux bassins de chasse, on s'épuisera dans ces travaux spé-

ciaux et l'on n'y parviendra qu'imparfaitement et peut-être même jamais. Aux grands maux les grands remèdes : ce n'est pas à lutter contre un mal déjà fait qu'il faut s'épuiser, il faut en détruire la cause.
C'est la cause elle-même qu'il faut combattre, et comment la combattre si on ne la connaît pas? Dans le chapitre qui va suivre, on
exposera des comparaisons et des faits qui donneront matière à discussion et qui la feront peut-être découvrir par des gens studieux, compétents, et qui sont pénétrés de l'amour du progrès. Heureux ceux
qui pourront résoudre ce problème; ils auront fait une découverte du
plus haut intérêt pour le commerce et le port de Dunkerque; ils
auront bien mérité du pays qui gardera un souvenir inséparable
d'un pareil bienfait.

ARTICLE 4.

Désobstruction de l'entrée du port.

Pour arriver à la solution de cette question, il est des moyens
que l'on n'a pas encore tentés et dont on ne se doute peut-être même
pas. Comme je l'ai déjà dit, c'est la cause qu'il faut détruire; aussi,
pour mon compte, je me reconnais trop faible pour assurer de la
préciser. J'ai déjà fait des suppositions pour essayer de démontrer la
formation de la plage, à l'ouest de Dunkerque; je laisse à l'appréciation des hommes compétents à débattre ce fait. Plus la discussion
sera grande, plus il en sortira de lumière, et l'on parviendra peut-être
un jour à connaître la véritable cause du mal.

Les chasses actuelles, telles qu'on les pratique, ne font qu'entretenir bien strictement l'entrée du port pour les navires du commerce;
comment donc y faire entrer des navires de guerre? toute la question
est là. A de grands travaux comme ceux dont il vient d'être parlé, il
faut y en ajouter d'autres qui doivent servir de complément, si l'on ne
veut pas un jour perdre le fruit de tant de labeur. Il faut, ce me semble, rechercher pourquoi l'entrée du port de Gravelines, qui n'a pas
des moyens de chasse aussi puissants qu'à Dunkerque, ne se comble
pas, et ce, à cause du cours de l'Aa qui débouche par ce port. S'il en
est ainsi, il faudrait partager cette rivière en deux bras, dont l'un se
dirigerait sur Dunkerque, en passant par Bergues, et en conservant
toujours son plan d'eau pris à Watten, et profiter du canal de Bergues
pour en faire un immense bassin qui se remplirait avec l'eau de la
mer à la marée montante, et qui pourrait être déblayé à la marée
basse par le cours de la nouvelle branche de l'Aa. Dans ce cas, on
ferait de Bergues un port d'échouage qui aurait bien aussi son importance. Les gros navires se tiendraient à Dunkerque dans les bassins de
la marine, dans celui que l'on doit créer à l'ouest et dans le port de
Mardick. Dès lors il n'y aurait plus aucune entrave pour les chasses,
elles pourraient être données presque à chaque marée, et avec une
telle quantité d'eau, qu'il est bien douteux que le banc à l'entrée du
port puisse y résister. Il en résulterait aussi un immense avantage pour
le dessèchement dans les grandes crues.

J'insiste à dire le port de Mardick, parce qu'au fur et à mesure que l'entrée du port s'améliorera, le commerce continuera de prendre de l'extension, le nombre de navires augmentera considérablement. On a l'expérience du passé ; les bassins que, il y a quelques années seulement, l'on croyait suffisants, sont actuellement beaucoup trop petits. Il en sera de même, dans un temps donné, de celui que l'on se propose de construire. Cependant il est utile pour l'avenir, et quelle que soit sa capacité, d'en appuyer fortement la construction à l'ouest, car il arrivera un moment où une partie des travaux signalés ci-dessus seront pris en sérieuse considération et cela par nécessité. Bergues, à cet état de choses, aurait son port d'échouage séparé, les eaux fraîches de l'Aa à sa porte; le dessèchement aurait deux débouchés directs à la mer pour les eaux de l'Aa; toutes les terres basses au nord et à l'est de St-Omer jusqu'à Watten, seraient mises à l'abri des inondations malheureusement trop fréquentes qu'elles ont à supporter. Ainsi, de ce changement, tout en contribuant au bien-être de l'arrondissement de Dunkerque, celui de Saint-Omer en aurait sa large part, et il n'est pas douteux que cet arrondissement n'intervienne pour une part dans la dépense.

Ce sont de grands travaux à entreprendre, il est vrai. Ils ont déjà un commencement d'exécution par la Haute-Colme, qui commence à Watten. Mais cependant je pense que, pour créer quelque chose de bien et de complet, il faudrait laisser cette rivière pour la petite navigation et pour le dessèchement. Conservée à cette destination (son plan d'eau pourrait être abaissé), elle serait d'un grand secours dans les moments d'inondation. Elle serait mise en communication avec le port d'échouage de Dunkerque, et le pays serait entièrement sauvé. La nouvelle branche de l'Aa à créer longerait la limite des terres hautes de la 3e section des Wateringues, et en conservant son même plan d'eau jusqu'à Bergues, l'irrigation serait parfaite ; des siphons placés sous la Haute-Colme porteraient l'eau fraîche partout; le pays élevé, qui est souvent privé d'eau, se trouverait en avoir ou du moins en serait plus rapproché. Ce serait un bien général.

En vue du port de Dunkerque, soit qu'on n'apporte aucun changement dans sa position actuelle, soit qu'on y apporte des améliorations, il est de la première urgence d'en désobstruer l'entrée. La plage qui se forme à l'ouest ferme aujourd'hui la moitié du chenal contre l'estacade. Les chasses ne peuvent même plus la recouvrir. Les eaux roulent sur la côte Est en l'évitant et sans l'entamer; elles n'ont pas assez de force pour pénétrer dans le courant de la mer, elles s'y brisent, elles retournent sur elles-mêmes par un remous; en tournoyant, elles reviennent encombrer la plage de leurs limons contre la laisse de mer; lesquels sont portés plus loin à la marée montante, puis remportés de nouveau à la marée descendante par les courants pratiqués dans la plage même et qui viennent déboucher à l'extrémité de l'estacade de l'ouest. Le mal va en augmentant, il faut des mesures promptes et énergiques pour éviter de grands malheurs, sinon le port de Dunkerque n'a pas 30 ans d'existance. Son chenal subira le même sort que celui de l'ancien fort de Mardick. Les courants sur la plage ouest sont très-préjudiciables pour l'entrée du chenal; de quelque manière que

ce soit, il faut les détourner; il faut au plus vite creuser un nouveau
bassin de chasse à l'Est, et le plus avant possible dans la mer, pour
que ses eaux lancées avec une grande force vers l'extrémité de l'estacade de l'ouest puissent enlever le banc qui s'y forme, ou du moins
l'empêcher d'envahir l'entrée du chenal. Il serait peut-être bon aussi
de prolonger cette estacade, en lui donnant une direction dans l'axe
de la sortie des eaux de ce nouveau bassin. C'est d'une grande puissance de chasse qu'il faut pouvoir disposer; il n'y a pas un moment à
perdre. Il faut aussi se servir des eaux de la rivière de l'Aa, comme
il vient d'être dit; les moyens de desobstruction ne peuvent pas être
trop forts. Il faut profiter de tout ce que la nature offre, et ne rien
négliger : c'est une question de vie ou de mort pour le commerce de
Dunkerque. Si l'on ne peut parvenir à empêcher l'obstruction de
l'entrée du chenal, le port peut être considéré comme entièrement
perdu, toutes les dépenses faites en pure perte; c'est un déplacement
de population qui s'opérera et qui se transportera à Zuydcoote, en face
de la passe, où il s'établira un nouveau port, ou à Gravelines, pour
profiter de son heureuse position. Ce qui vient d'être dit, ce sont des
pronostics très-fâcheux; il est pénible d'y penser; on ne peut trop
en mesurer la profondeur; c'est le moyen d'entraîner l'attention publique et de la concentrer vers ce seul but. C'est le moyen de se mettre
en garde contre une calamité qu'il est encore temps d'éviter pour
l'intérêt général du pays; car, que deviendraient les terres du territoire
wateringué, si le chenal venait à disparaître par l'encombrement des
sables?

Ces considérations sur le port de Dunkerque se rattachent essentiellement au régime des eaux de l'arrondissement. J'ai cru devoir en
parler assez longuement et m'étendre sur des faits qu'on aurait pu
traiter ailleurs que dans ce mémoire. On prendra tout cela pour des
châteaux en Espagne, et l'on aura peut-être une apparence de raison,
il y a un moment pour tout. C'est un article du journal la *Patrie*,
écrit par M. Delamare, où il est question des ports de la Manche, qui
m'a suggéré ces raisonnements; c'est pour m'associer aux idées de
l'écrivain qui en a pris l'initiative que j'ai cherché à donner quelque
développement pour en faire connaître toute l'importance.

Résumé : 1° Mettre le port de Dunkerque en communication avec
le port de Gravelines est une répétition de ce qui a été dit plusieurs fois.
Ce projet est possible, mais d'une grande dépense, comme on a pu le
voir par les détails qui précèdent.

2° Le projet de port, en se servant du canal de Furnes jusqu'à
Zuydcoote, apporterait une grande perturbation dans le dessèchement.

3° Le projet de celui de Dunkerque à Bergues, en se servant du
canal pour en faire un port militaire et commercial, est très-important
sous le rapport de la défense de nos côtes maritimes et les intérêts des
deux villes.

4° Le projet de donner une nouvelle branche à l'Aa peut contribuer
efficacement au déblai de l'entrée du port; c'est une nécessité, il fournit les moyens de faire tout ce que l'on veut pour l'amélioration et
l'embellissement de Dunkerque, il permet de faire à Bergues un port

d'échouage, de se débarrasser plus vite des inondations, et d'avoir des irrigations parfaites sur tout le territoire wateringué. Ces projets sont grandioses ; ils donneraient également une très-grande force à toute la côte maritime, et Dunkerque, en particulier, se trouverait sinon à l'abri de toutes attaques, du moins en mesure de se bien défendre et de porter des secours efficaces aux autres ports de la Manche.

5° Le bassin à flot projeté à l'ouest est présenté dans de bonnes conditions ; il faut satisfaire aux besoins du moment. Il eût été à désirer que l'on se fût un peu plus préoccupé de la question d'avenir ; ce bassin pouvait s'étendre sur près de la moitié du pourtour de Dunkerque, et donner la vie et la richesse à toute une nouvelle population qui serait venue se placer sur un terrain aujourd'hui de peu de valeur.

ARTICLE 5.

Nouveau Bassin à flot.

Pendant longtemps on à discuté l'emplacement du bassin à flot. Il en est toujours de même toutes les fois qu'il s'agit d'une nouvelle amélioration : divers intérêts s'y trouvent engagés, et il est bien difficile de les satisfaire tous à la fois. On ne s'occupe que de ses propres avantages ; l'intérêt public est toujours sacrifié ; les oppositions qui en résultent font souvent rejeter des projets qui feraient le bonheur de tous, en mettant l'administration dans l'impossibité d'agir. Aussi il arrive un moment où elle se trouve obligée de prendre le dessus ; c'est ce qu'elle vient de faire. Le projet du nouveau bassin à flot vient de paraître, et est déposé dans les bureaux de la sous-préfecture de Dunkerque, pour subir l'épreuve d'une enquête. On le place à l'ouest du chenal, sur l'emplacement même des fortifications. On lui donne une longueur de 550 mètres, une largeur de 125 mètres, une profondeur de 2 mètres au-dessous du zéro de la basse mer; c'est 1m 10 plus bas que le bassin du Commerce. La largeur de l'entrée est de 21 mètres, avec un sas de 100 mètres de longueur; cette entrée se trouve placée entre la porte du Risban et l'écluse du fort Revers ; la forme du bassin est un parallélogramme se dirigeant de l'Est à l'Ouest, en longeant le canal de dérivation, à une distance d'environ 75 mètres. Il communique par son extrémité avec le bassin de la Marine, près du débouché de celui-ci, par un passage de 21 mètres de largeur et une profondeur de 1m 00 au-dessous du zéro de la basse mer ; il est défendu et couvert par une ligne de nouvelles fortifications assises sur la rive nord du canal de dérivation, depuis le fort Revers jusqu'au canal de Mardick. La longueur développée des quais est de 1,400 mètres, et la surface du plan d'eau de 7 hectares. Son avant-port débouche dans le chenal ; il a une longueur de 150 mètres et une largeur de 125 mètres. C'est un travail complet, mais qui n'est cependant pas exempt d'imperfection sur la question d'avenir du port de Dunkerque ; certes, il peut satisfaire à tous les intérêts du moment, le mode de construction ne laisse rien à désirer.

Il y a bien quelques murmures et des opposants qui n'osent pas se prononcer sur le registre d'enquête, sous pretexte que l'entrée en sera toujours difficile, par rapport aux vents contraires qui règnent la plupart du temps sur la côte. N'étant pas compétent en cette matière, il ne m'appartient pas de me prononcer ; je m'incline devant des questions que je ne comprends pas, et je me borne à dire que, n'importe comment, il faut de toute nécessité à Dunkerque des bassins à flot pouvant contenir des navires de toutes grandeurs et satisfaire aux besoins toujours croissants du commerce ; que toutes les oppositions que l'on pourra faire pour leur établissement à l'*Est* ne feront que contribuer à un ajournement ou à un rejet indéfini, et que dans l'intérêt de tous l'enquête doit être favorable pour le projet à l'*Ouest.*

Ce mémoire n'ayant aucun caractère d'autorité sur l'enquête qui est ouverte, je pense pouvoir, sans préjudice aucun, me hasarder à faire quelques observations, non pour changer de côté l'emplacement du bassin à flot projeté, mais bien sur une disposition d'avenir relativement à l'addition du canal de Mardick, comme complément pour l'agrandissement du port de Dunkerque ou comme port militaire. Ainsi, je dirai que, pour ce nouveau bassin, on aurait pu tirer un grand avantage en se servant du canal de dérivation, dont les déblais sont déjà en partie faits ; que tout en donnant une largeur convenable de 100 ou 125 mètres, par exemple, on aurait pu le continuer jusqu'à l'extrémité ouest du bassin de la Marine, avec lequel on l'aurait mis en communication également avec un passage de 21 mètres de largeur ; on aurait divisé le canal de dérivation en deux parties : la première, comme bassin à flot ; la deuxième, comme arrière-port pouvant communiquer directement avec le canal de Mardick, au moyen d'un barrage séparatif des eaux du pays, en attendant une organisation ultérieure qui ne manquera pas de se faire sentir par la suite.

Les trois bassins, de la Marine, du Commerce, et celui projeté, se seraient trouvés également en communication ; on aurait eu l'avantage de les dévaser entièrement par des chasses, soit simultanément, soit partiellement, avec les eaux conservées dans le reste du canal de dérivation et le canal de Mardick ; cette grande quantité d'eau lancée en même temps que celle du bassin Becquet et de celui qu'on devra faire aussi à l'Est, aurait agi efficacement sur le banc qui obstrue l'entrée du chenal.

Par l'addition de ce nouveau bassin, celui du Commerce n'aura plus la même importance ; à l'époque des grandes crues d'eau, les navires qui ne peuvent pas supporter l'échouage, se placeront dans celui du canal de dérivation, et dès lors rien ne s'opposera plus à faire l'écoulement des eaux du pays par l'arrière-port, c'est à dire par l'écluse de Bergues, et dans les temps ordinaires par la Cunette ; l'hygiène y gagnera beaucoup par le renouvellement continuel des eaux ; tout reviendra dans son état normal. Pour le dessèchement, on n'aura plus à se plaindre des lenteurs apportées par le long parcours du canal de dérivation, qui restera spécialement consacré aux besoins du port.

Il est bon de faire remarquer aussi que, pour les exigences et la facilité du commerce, il faut de longs quais et du terrain pour y créer des établissements en rapport avec les exigences des nouvelles industries et le déplacement d'une population qui tend toujours à se rapprocher du centre de ses affaires et de ses intérêts; que l'administration du chemin de fer ne serait pas fâché non plus d'y trouver aussi de la place pour y établir des magasins et des établissements complets pour garer les marchandises. Ces exigences sont la conséquence des grandes améliorations qu'il faut toujours chercher à compléter quand la nature s'y prête, et surtout en ne perdant pas de vue l'*avenir*. Le canal de dérivation transformé en bassin à flot laisse au sud un immense terrain qui peut satisfaire à tout ce qui se rattache à la prospérité du commerce et à l'avenir de Dunkerque; ce dispositif n'a pas l'inconvénient de distraire 7 hectares de terre dans un emplacement qui doit être destiné à des constructions et de laisser trop à l'étroit l'espace réservé entre les deux bassins.

L'inspection des plans déposés dans les bureaux de la sous-préfecture fait connaître qu'entre le bassin projeté et les bâtiments de la Citadelle qui existent actuellement, il ne reste que 25 à 30 mètres, et qu'il n'y a pas possibilité d'y créer de nouveaux établissements; que la distance de 160 mètres en moyenne laissée entre les deux bassins est trop restreinte et ne laisse pas assez d'avenir au commerce en général, à moins que d'aller s'établir le long du quai nord, ce qu'on ne fera pas de long-temps, et cela d'autant moins que, pour le moment, ce côté reste à l'état de talus en terre, ce qui permet de douter de l'époque de son achèvement.

D'un autre côté, si l'on s'était servi du canal de dérivation, le bassin aurait pu être prolongé plus loin et même jusqu'à la porte de Mardick. Un seul quai du côté sud aurait suffi. La distance ou l'espace réservé pour bâtir entre les deux bassins aurait été double, et l'on aurait augmenté considérablement la valeur de tout l'immense terrain de l'île Jeanty et de l'emplacement des fortifications jusqu'au chenal, au lieu d'en faire une impasse renfermée d'un côté par le chemin de fer, de l'autre par les bassins à flot, et de le rendre improductif faute de débouché.

Les observations que je viens de faire sur le nouveau bassin à flot, pour lequel il est ouvert une enquête, n'ont pas pour but d'en critiquer ni l'emplacement ni son mode d'exécution; elles sont motivées et se rattachent spécialement à tout ce que j'ai déjà dit dans les articles précédents, relatifs à l'extension que doit prendre le port de Dunkerque et en particulier le canal de Mardick, si l'on parvient un jour à se rendre maître de l'entrée du chenal et à faire disparaître entièrement le banc qui l'obstrue.

Ce qui me porte à croire que l'on a en vue des améliorations encore plus grandes que le bassin à flot à l'usage du commerce, ce sont les deux grandes lignes de fortifications qui sont projetées, l'une pour couvrir le canal de dérivation sur tout son parcours jusqu'au fort Revers, l'autre pour couvrir le même canal en y comprenant le bassin Becquet et allant se rattacher au fort Risban; c'est la grande profondeur qu'on lui donne et qui le rend susceptible de recevoir des navires de guerre. En effet, on a vu que le radier pour l'entrée est coté 2^m au-dessous du zéro de la basse mer, ce qui donnera 6^m 70 de hauteur d'eau au maximum de vives eaux, 5^m 45 à la haute mer moyenne de vives eaux ordinaires, et $4^m 45$ en mortes eaux. Ce bassin remplit donc toutes les conditions convenables pour le *présent*; il peut satisfaire aux conditions les plus difficiles du commerce, et se trouve aussi en rapport avec les besoins en *partie* d'une marine miltiaire. Mais, à mon avis, ce qu'il manque (et certes je n'ai pas la prétention d'être sans reproche dans mon dire, il se peut bien qu'il y ait des considérations que je n'aie pas saisies comme il faut); ce qu'il manque déjà, c'est que l'on ne s'est pas assez préoccupé de l'avenir, et cependant cette question a bien son importance en face de ce qui se passe journellement dans nos villes manufacturières. Les nouveaux établissements que l'on crée partout autour de nous sont bien faits pour donner à réfléchir, et à penser que, dans un temps donné, on aura encore besoin d'agrandir le cercle des affaires commerciales. Dans ce cas, il semble évident que le projet ne remplit le but qu'imparfaitement, au lieu que le canal de dérivation pouvait en remplir toutes les conditions. Ce projet ne perdait rien des avantages de celui présenté pour ses dimensions en largeur et en profondeur; on trouvait des travaux tout faits, un des bajoyers de l'écluse du fort Revers pouvoit être utilisé en le reprenant en sous-œuvre pour lui donner la même hauteur que le bassin projeté, on profitait des barrages établis par le génie militaire pour les ponts de la Samaritaine et de la porte de Mardick, pour faire des divisions qui auraient servi utilement dans les dévasements; il ne restait qu'à établir à neuf la communication avec le bassin de la Marine et les quais du côté sud qui se seraient trouvés construits en quelques années; au fur et à mesure des progrès du commerce, on aurait suivi pas à pas l'édification de nouveaux établissements et la progression du commerce; à la fin on aurait fini par donner la vie partout sur un terrain de nulle valeur aujourd'hui, s'étendant sur une longueur de près de 2 kilomètres, et environ 30 hectares de terre se seraient couverts de constructions importantes. Comme je l'ai déjà dit, c'est de la question d'avenir qu'il faut aussi se préoccuper quand il s'agit de grandes améliorations; il faut coordonner les travaux présents avec les besoins futurs. On en trouve la preuve aujourd'hui: il n'y a pas bien longtemps qu'on a dépensé des sommes énormes pour avoir des fortifications qu'il faut démolir pour les besoins présents; c'est une bonne leçon, on doit chercher à en profiter, et il est du devoir de chacun d'y contribuer suivant la mesure de ses connaissances.

CHAPITRE XV.

Tableaux statistiques de l'arrondissement de Dunkerque.

(Extrait de l'*Annuaire du département du Nord* de 1859).

ARTICLE 1er.

Routes et Chemins vicinaux de grande communication, classés et confiés au service de MM. les Ingénieurs des ponts et chaussées.

N° d'ordre.	DÉNOMINATION.	Longueur en pavée.	Longueur en empierrement.	Longueur totale.
	Routes impériales.	Mètres.	Mètres.	Mètres.
16	De Paris à Dunkerque (partie entre Haze-brouck et Dunkerque	42,630		42,630
40	De Calais à Ypres (entre la limite du Pas-de-Calais et la frontière Belge).	34,223		34,223
	Routes départementales.			
15	Dunkerque à Furnes (entre Dunkerque et la frontière belge.		682	12,953	13,635
21	De Bergues au pont de St-Momelin	3,750	18,194	21,944
	Chemins de grande communication.			
1	De Dunkerque à St-Omer, par Loon et Bour-bourg.		1,210	17,490	18,700
3	D'Hondschoote à Watten, par Bergues. . .	17,529	17,893	35,422
4	De Bergues à Furnes, par Ghyvelde		314	11,585	11,899
11	De Gravelines à Cassel	9,350	26,676	35,026
17	D'Hondschoote à Wormhout	1,063	15,950	17,013
44	D'Hondschoote à Ghyvelde, à travers les Moë-res		37	7,743	7,780
46	De Millam à Lederzeele.		10,178	10,178
61	De Cassel à Lederzeele.	4,500	6,600	11,100
66	De Wormhout à Zegerscappel	660	5,944	6,604

ARTICLE 2.

Chemins vicinaux confiés au service des agents-voyers.

NUMÉROS.	DÉNOMINATION.	LONGUEUR
	Chemins d'intérêt commun ou de moyenne communication construits.	Mètres
1	Chemin dit Straenstraete, de la route départementale n° 15, au chemin de grande communication n° 4, à Teteghem.	4390
2	Chemin Claperdickstraete, de la route départementale n° 15, au chemin de grande communication n° 4, à Uxem	5230
3	Chemin de Bergues au Sprewkt	10535
30	De Westcappel à la maison Blanche (route impériale n° 40)	5075
»	De Dunkerque au Guindal (rivière de l'Aa), par le Copenaxfort et Bourbourg (proposé d'intérêt commun.	20400
36	De la route impériale n° 16, à Ledringhem	4015
53	De Lederzeele à Watten (n'est pas terminé)	7003
55	De Rexpoëde à Hondschoote, par Killem	5880
69	De Wulverdinghe à Volckerinckhove (sera terminé en 1860)	2820
72	De Dunkerque au pont de Leffrinckhoucke, par Rosendael.	5295
	Chemins ordinaires construits.	
»	De Petite-Synthe au Grand-Millebrugghe	
»	Du Grand-Millebrugghe à Spycker.	
»	Des Sept Planètes à Loobergbe, par Armboutscappel, Spycker et Brouckerque.	
»	De la route départementale n° 21 à Bissezeele (non entièrement terminé.	
»	Du chemin de grande communication n° 11 au pont l'Abesse, par Bollezeele et Merkeghem	
»	De Bollezeele à Volckerinckhove, chemin de grande communication n° 46	
»	De Bourbourg au pont l'Abesse, par Cappellebroucq.	
»	Du chemin de grande communication n° 1 à Saint-Nicolas.	
»	De Bourbourg à Dunkerque, par Craywick	
»	De Copenaxfort à Bergues, par Brouckerque. . . .	
»	Du précédent au pont de Staelen-Brugghe.	
»	De Broxeele à la route départementale n° 21	

NUMÉROS.	DÉNOMINATION.	LONGUEUR.
»	Des Sept-Planètes au canal de Bourbourg, par Cappelle	Mètres
»	De Dunkerque à Bourbourg, par les ponts de Petite-Synthe et de Copenaxfort	
»	De Cappellebroucq à Lynck (chemin de grande communication n° 3)	
»	De Cappellebroucq à la Bistade, par le Voet-Sifflet et St-Pierrebrouck	
»	De Dunkerque à Bergues, par Coudekerque-Branche et Coudekerque-village	
»	De Craywick au pont de Copenaxfort	
»	De la Croix-Rouge à Drincham (chemin de grande communication n° 1), par Crochte	
»	De Crochte au Grand-Millebrugghe, par Steene . .	
»	De Drincham à Pitgam (sera terminé en 1860) . .	
»	D'Eringhem au chemin de la Croix-Rouge	
»	D'Eringhem au chemin de grande communication n° 11	
»	D'Esquelbecq à la Belle-Vue (route impériale n° 16) .	
»	Du chemin de grande communication n° 11 à la rivière de l'Aa, par St-Georges	
»	De Gravelines au Grand Fort-Philippe	
»	De Gravelines au Petit Fort-Philippe	
»	D'Herzeele à Winnezele (arrondissement d'Hazebrouck	
»	D'Herzeele à Houtkerque (arrondissement d'Hazebrouck	
»	D'Hoymille à la route impériale n° 40	
»	De la route départementale n° 21 au hameau de Nieuwerleet	
»	Du chemin d'intérêt commun n° 2 à Leffrinckhoucke .	
»	De Mardick au Pont-à-Roseau (route impériale n° 40) .	
»	De Pitgam à Crochte, par le chemin d'intérêt commun n° 3	
»	De Pitgam au pont de Staelen-Brugghe (chemin de grande communication n° 3)	
»	De Pitgam au hameau de Sprebencappel (chemin de la Croix-Rouge)	
»	De la route impériale n° 16 à Wylder, par Quaedypre (la partie entre Wylder et Quaedypre sera terminée en 1861)	
»	De Volckerinckhove au chemin de grande communication n° 46	

NUMÉROS.	DÉNOMINATION.	LONGUEUR.
		Mètres
»	De Volckerinckhove à la route départementale n° 21.	
»	Du chemin de grande communication n° 3 à la route impériale n° 40, par Warhem.	
»	De Watten à Millam	
»	De Wormhout au Kiekeput (hameau).	
»	De Westcappel à Bambecque (non terminé)	
»	De Socx à Crochte, par le chemin de la Croix-Rouge.	
»	De Socx à Esquelbecq (sera terminé en 1861) . . .	
»	De la route départementale n° 15 à Teteghem, par le chemin de la Branche (sera terminé en 1861) . .	

ARTICLE 3.

Agriculture.

—

Récoltes annuelles en grains, en prenant pour base celle faite en 1859.

NATURE DES GRAINS RÉCOLTÉS.		NOMBRE d'hectares cultivée.	PRODUIT par hectare.	PRODUIT total.
		Hectares.	Hectares.	Hectares.
Froment		17,944	19,71	353,754
Méteil		60	17,93	1,085
Seigle		857	15,52	13,345
Orge		2,155	29,05	62,624
Avoine.		4,412	46,79	205,473
Légumes secs.		6,289	27,08	170,336
		Quint. mét.		Quint mét.
Betteraves à sucre		657	386	253,602
Colzas		283	28,43	8,046
OEillettes				
Camélines.		40	15,50	620
Chanvre		35	433	13,370
Lin		3,494	3,84	1,341,696
Graines de chanvre		35	13,25	163
Graines de lin		3,494	3,40	11,880
Prés naturels ne recevant	à faucher.	2,290	25,80	
que de l'eau de pluie,	à pâturer.	14,490	29,20	
Prés naturels arrosés na-	à faucher.	733	28,13	
turellement,	à pâturer.	1,160	45,21	
Prés naturels arrosés ar-	à faucher.	143	28,06	
tificiellement,	à pâturer.	8	49,09	
Prés artificiels à faucher		3,452	41,33	

ARTICLE 4.

Tableau indiquant les distances en kilomètres des communes au chef-lieu de canton, de la sous-préfecture et de la préfecture.

NOMS DES COMMUNES.	Distances en kilomètres au chef-lieu		
	de canton.	de la sous-préfecture.	de la préfecture.
Canton de Bergues.			
Armboutscappel.	7	8	71
Bergues		9	66
Bierne.	2	10	68
Bissezeele.	7	16	62
Crochte	6	15	70
Eringhem.	12	19	66
Hoymille	2	11	68
Pitgam	9	15	68
Quaedypre	5	14	65
Socx	4	13	64
Steene.	6	13	100
Westcappel	8	16	62
Wylder	9	19	60
Canton de Bourbourg.			
Bourbourg-Ville.		19	74
Bourbourg-Campagne		19	74
Brouckerque.	7	13	71
Cappellebrouck	5	23	66
Dringham.	10	19	64
Holque.	11	28	67
Looberghe.	7	18	67
Millam.	12	26	66
St-Momelin	20	33	66
St-Pierrebrouck.	7	25	74
Spycker	10	10	75
Watten	14	29	67
Wulverdinghe	18	29	70
Canton de Dunkerque-Est.			
Coudekerque.	6	6	13
Coudekerque-Branche	2	2	72
Dunkerque-Est			76
Leffrinckhoucke.	7	7	81
Teteghem.	7	7	81
Uxem	10	10	73
Zuydcoote.	10	10	81

NOMS DES COMMUNES.	Distances en kilomètres au chef-lieu		
	de canton.	de la sous-préfecture.	de la préfecture.
Canton de Dunkerque-Ouest.			
Cappelle	6	6	77
Dunkerque-Ouest			78
Mardick	11	11	87
Grande-Synthe	7	7	84
Petite-Synthe	4	4	82
Canton de Gravelines.			
Craywick	10	13	83
St-Georges	4	22	95
Gravelines		20	97
Loon	7	12	89
Canton d'Hondschoote.			
Bambèque.	10	21	67
Ghyvelde	10	12	84
Hondschoote		20	82
Killem	4	20	81
Moëres (les)	6	17	75
Oostcappel	7	23	82
Rexpoede	6	19	78
Warhem	9	14	74
Canton de Wormhout.			
Bollezeele	11	25	65
Broxeele	15	27	65
Esquelbecq	3	20	63
Herzeele	5	24	64
Lederzeele	17	29	66
Ledringhem	4	24	57
Merckeghem	14	27	68
Volckerinckhove	15	27	66
Wormhout		20	58
Zegerscappel	6	19	66

ARTICLE 5.

Tableau statistique indiquant par commune la nature des différentes
cultures, prenant pour base 1859.

NOMS DES COMMUNES.	Nombre d'hectares en			
	terres en labour.	prés naturels.	pâtures.	jardins.
Canton de Bergues.	Hectares.	Hectares.	Hectares.	Hectares.
Armboutscappel	641	42	229	12
Bergues	25			7
Bierne	383	143	515	14
Bissczeele	264	2	70	6
Crochte	557	9	176	9
Eringhem	667	101	332	9
Hoymille	188	26	262	49
Pitgam	1,392	140	705	22
Quaedypre	1,220	85	513	27
Socx	486	27	255	12
Steene	594	85	369	15
Westcappel	564	10	151	10
Wylder	174	15	53	4
	7,155	635	3,630	196
Canton de Bourbourg.				
Bourbourg-Ville				11
Bourbourg-Campagne	2,705	33	744	46
Brouckerque	754	76	287	14
Cappellebroucq	1,233	36	367	16
Drincham	150	28	129	3
Holque	160	34	102	7
Looberghe	1,063	176	532	25
Millam	698	88	372	12
St-Momelin	118	13	55	4
St-Pierrebrouck	543	10	179	8
Spycker	669	13	200	11
Watten	227	78	181	10
Wulverdinghe	146	8	97	5
	8,466	643	3,285	172
Canton de Dunkerque-Est.				
Coudekerque	529	172	429	19
Coudekerque-Branche	673	41	239	92
Dunkerque-Est				27
Leffrinckhoucke	318	2	85	7
Teteghem	1,164	226	521	151
Uxem	318	169	225	8
Zuydcoote	79	5	22	10
	3,080	615	1,521	314

NOMS DES COMMUNES.	Nombre d'hectares en			
	terres en labour.	prés naturels.	pâtures.	jardins.
Canton de Dunkerque-Ouest.	Hectares.	Hectares.	Hectares.	Hectares.
Cappelle	340	15	173	3
Dunkerque-Ouest				
Grande-Synthe	923		250	45
Mardick	426	4	101	9
Petite-Synthe	730	3	282	173
	2,419	22	806	230
Canton de Gravelines.				
Craywick	627	15	116	5
Gravelines	1,174	29	259	59
Loon	2,359	137	776	42
Saint-Georges	638		150	6
	4,798	181	1,301	112
Canton d'Hondschoote.				
Bambèque	860	32	248	12
Ghyvelde . . . . . , ...	1,156	183	402	59
Hondschoote	1,752	176	461	35
Killem	968	5	198	11
Les Moëres	614	108	288	6
Oostcappel	233	2	54	4
Rexpoede	1,071	5	209	19
Warhem	1,578	449	565	58
	8,232	960	2,425	204
Canton de Wormhout.				
Bollezeele	1,112	67	473	16
Broxeele	149		108	5
Esquelbecq	866	31	257	23
Herzeele	1,192	58	359	17
Lederzeele	1,129	129	458	15
Ledringhem	467	18	181	7
Merckeghem	431	89	297	10
Volckerinckhove	522	16	278	12
Wormhout	1,838	106	621	41
Zegerscappel	1,175	48	433	19
	8,881	562	3,464	165
Récapitulation par canton.				
Bergues	7,155	635	3,630	196
Bourbourg	8,466	643	3,285	172
Dunkerque-Est	3,080	615	1,521	314
Dunkerque-Ouest	2,419	22	806	230
Gravelines	4,798	181	1,301	112
Hondschoote	5,583	506	1,651	127
Wormhout	8,881	562	3,464	165
Totaux pour l'arrondissement. . .	40,382	15,658	3,166	1,316

ARTICLE 6.

Tableau statistique indiquant par commune les races chevaline, bovine et ovine.

NOMS DES COMMUNES.	Chevaux.	Mulets et ânes.	Bêtes à cornes.	Moutons.
Canton de Bergues.				
Armboutscappel	125	26	247	184
Bergues	95	5	53	2
Bierne	96	21	466	136
Bissezeele	34	8	192	8
Crochte	86	14	504	140
Eringhem	119	20	613	1
Hoymille.	38	21	222	99
Pitgam	233	36	1,422	142
Quaedypre	179	48	1,017	113
Socx	44	18	525	
Steene	141	36	710	687
Westcappel	88	18	471	
Wylder	16	10	191	
	1,294	281	6,633	1,512
Canton de Bourbourg.				
Bourbourg-Campagne.	478	64	1,113	538
Bourbourg-Ville	72	9	89	
Brouckerque.	157	49	595	
Cappellebroucq.	175	45	450	246
Drincham.	37	9	189	
Holque	57	13	248	
Looberghe	202	34	907	164
Millam	120	16	677	104
Saint–Momelin	41	3	137	93
Saint-Pierrebrouck.	112	27	173	
Spycker	138	27	349	152
Watten	59	1	228	125
Wulverdinghe	31	2	195	114
	1,679	299	5,350	1,536
Canton de Dunkerque-Est.				
Coudekerque	129	33	450	192
Coudekerque-Branche.	113	66	334	2
Dunkerque–Est.	295	25	348	
Leffrinckboucke	50	10	216	163
Teteghem	307	225	931	347
Uxem	68	21	245	5
Zuydcoote	15	19	77	
	977	399	2,601	709

NOMS DES COMMUNES.	Chevaux.	Mulets et ânes.	Bêtes à cornes.	Moutons.
Canton de Dunkerque-Ouest.				
Cappelle	79	13	283	160
Dunkerque-Ouest				
Grande-Synthe	162	10	394	1,047
Mardick	75	12	179	265
Petite-Synthe	201	74	366	1,110
	517	206	1,222	2,582
Canton de Gravelines.				
Craywick	103	16	229	5
Gravelines	261	62	582	245
Loon	317	88	899	1,062
Saint-Georges	111	9	239	177
	792	175	1,949	1,489
Canton d'Hondschoole.				
Bambèque	110	13	1,108	117
Ghyvelde	195	124	900	310
Hondschoote	276	47	1,340	145
Killem	108	27	641	6
Les Moëres	220	55	661	305
Oostcappel	25	2	192	
Rexpoede	139	22	733	90
Warhem	361	39	927	204
	1,434	329	1,502	1,177
Canton de Wormhout.				
Bollezeele	207	31	1,111	135
Broxeele	44	8	245	
Esquelbecq	66	25	656	3
Herzeele	130	16	963	126
Lederzeele	144	16	834	218
Ledringhem	60	17	419	
Merckeghem	103	12	464	450
Volkerinckhove	109	13	630	3
Wormhout	280	66	1,756	370
Zegerscappel	212	35	1,033	184
	1,355	239	8,111	1,489
Récapitulation par canton.				
Bergues	1,294	281	6,633	1,512
Bourbourg	1,679	299	5,350	1,536
Dunkerque-Est	977	399	2,601	709
Dunkerque-Ouest	517	206	1,222	2,582
Gravelines	792	175	1,949	1,489
Hondschoote	1,434	329	1,502	1,177
Wormhout	1,355	239	8,111	1,489
Totaux pour l'arrondissement	8,048	1,928	27,368	10,494

ARTICLE 7.

Tableau indiquant pour chaque commune les noms des maires, des adjoints, des percepteurs, la population et les contributions.

NOMS des Communes.	NOMS DES			POPULATION.	MONTANT des contributions directes.
	Maires.	Adjoints.	Percepteurs		
Canton de Bergues.					
Aramboutscappel.	Hilst.	Wemaere père	Vanhoutte.	864	7950
Bergues.	Verleye.	Guilbert.	Idem.	5665	50248
Bierne.	Meezemaecker	Desoutter.	Idem.	493	8368
Bissezecle.	Caenens.	Vaerken.	Deroubaix.	417	2746
Crocht.	Cooren.	Depoers.	Idem.	786	6028
Eringhem.	Meneboo.	Janssen.	Idem.	660	6536
Hoymille.	Dewaele.	Vandenbavière	Vanhoutte.	505	5208
Pitgam.	Dewaele.	Decrocq.	Deroubaix.	1546	16147
Quaedypre.	Debavelaere.	Janssen-Bennynck.	Alavoine.	1729	16002
Socx.	Duyckquenton	Coudeville.	Idem.	760	6736
Steene.	Dumont.	Debavelaere.	Deroubaix.	862	9145
Westcappel.	Delylle.	Macke	Alavoine.	838	5785
Wylder.	Desmyttere.	Verrièle.	Idem.	352	2117
				15477	143016
Canton de Bourbourg.					
Bourbourg-C.		Tettart.	Courdain.	2257	17757
Bourbourg-V.	Demeunynck.	Deschoot.	Idem.	2597	23145
Brouckerque.	Stevenoot.	Adriansen.	Idem.	916	6708
Cappellebrouck.	Banraet.	Degardin.	Delerue.	1180	10839
Drincham.	Desmidt.	Maegheman.	Idem.	294	2642
Holque.	Dauchel.	Lardeur.	Vasseur.	488	2971
Looberghe.	Landron.	Meezemacker.	Delerue.	1592	11938
Millam.	Porteman.	Desmidt.	Vasseur.	895	8650
St-Momelin.	Castier.	Degraeve.	Idem.	274	3083
St.-Pierrebrouck.	François.	Dereudre.	Delerue.	558	5850
Spycker.	Wemaere.	Depoers.	Courdain.	659	5245
Watten.	Deleflie.	Vanderhaeghe	Vasseur.	1260	9637
Wulverdinghe	Drieux.	Coet.	Idem.	382	1999
				13352	110464
Canton de Dunkerque-Est.					
Coudekerque.	Vanoudendycke.	Cossaert.	Dubus.	477	7543
Coudekerque-B.	Daulé, Ed.	Lelieur et Schodduyn.	Idem.	1621	14571
Dunkerque-E.	Mollet, ✻.	Delelis.	Pigalle.	13977	264904
Lefrinckhouk	Leuregans.	Wemaere.	Dubus.	286	2580
Teteghem.	Daullé, Rom.	Rommel et Muyls.	Idem.	2437	15568
Uxem.	Steene.		Idem.	457	4426
Zuydcoote.	Adam.	Vanhille.	Idem.	318	973
				19573	310565

NOMS des Communes.	NOMS DES			POPULATION.	MONTANT des contributions directes.
	Maires.	Adjoints.	Percepteurs		
Canton de Dunkerque-Ouest.					
Cappelle.	Mahieu.	Dewaele.	Hovelt.	310	4056
Dunkerque-O.	Mollet, ✻.	Delelis.	Pigalle.	15761	
Grande-Synthe.	Codron.	Defraye.	Hovelt.	1510	8203
Mardick.	Geerssen.	Morael.	Idem.	415	3132
Petite-Synthe	Maegherman.	Fonteyne.	Idem.	2021	11410
				20017	26801
Canton de Gravelines.					
Craywick.	Wattré.	Lobrau.	Demarle, A.	331	4413
Gravelines.	Leroy.	Demarle-Vancassel.	Idem.	5819	3709
Loon.	Longueval.	Stevenon.	Idem.	2035	32089
St-Georges.	Tettaert.	Beudaert.	Idem.	297	15464
				8482	55675
Canton d'Hondschoote.					
Bambèque.	Outters.	Verriele.	Trentesaux.	1077	9032
Ghyvelde.	Loby.	Baeckeroot.	Dubus.	1884	9544
Hondschoote.	Delaroière.	Lelieu et Bollengier	Labbadie.	3766	27773
Killem.	Debreum.	Soisse.	Idem.	1215	8788
Les Moëres.	Mallengier.	Paris père.	Idem.	894	7443
Oostcappel.	Gueraert.	Beudaert.	Trentesaux.	519	3183
Rexpoede.	Deprey.	Masselis.	Idem.	1863	12602
Warhem.	Gaile.	Verhulst et Vandaele	Idem.	2465	19544
				13683	97909
Canton de Wormhout.					
Bollezeele.	Decorte.	Delepouve.	Behague.	1732	14005
Broxeele.	Dehaene.	Permandre.	Idem.	342	2903
Esquelbecq.	Bergerot.	Schottey.	Debavay.	1958	12231
Herzeele.	Outters.	Declander.	Idem.	1809	12825
Lederzeele.	Westelandt.	Monsterleet.	Behague.	1461	10716
Ledringhem.	Devulder.	Debavelacre.	Debavay.	658	5257
Merckeghem.	Stevenoot.	Vanhaecke.	Behague.	785	5419
Volckrinckhove.	Vandenkerckhove.	Coloos.	Idem.	917	7698
Wormhout.	Dehaene.	Belle et Baudart.	Debavay.	3769	27106
Zegerscappel.	Vandenbilcke.	Bous.	Idem.	1702	12906
				15133	111066

Récapitulation par canton.

Bergues	15477	143016
Bourbourg	13352	110464
Dunkerque-Est.	19573	310565
Dunkerque-Ouest	20017	26801
Gravelines	8482	55675
Hondschoote	13683	97909
Wormhout	15133	111066
TOTAUX pour l'arrondissement.	105717	855496

TABLE DES MATIÈRES.

CHAPITRE X.

Distribution des eaux douces à Dunkerque.

CHAPITRE XI.

Observations pour aider à la solution de quelques questions proposées par la Société Française d'archéologie.

Chapitre XII.

*Moyen d'alimentation de Dunkerque et de Bergues dû aux recherches
sur les irrigations.*

Chapitre XIII.

Recherches sur le pays conquis sur la mer.

Chapitre XIV.

Chapitre XV.

Tableau statistique de l'arrondissement de Dunkerque.

ERRATA.

PAGE	LIGNE	AU LIEU DE :	LISEZ :
4	31	2^m 79	2^m 49.
74	7	53	52.
88	4	cestion	cession.
97	15	0,72	0,41.
»	30	troisième	septième.
103	14	c'est de l'eau dont a le plus	c'est de l'eau dont on a.
114	21	0,87	0,48.
116	33	les eaux sur	les eaux des.
117	15	rüe des Dunes	rne des Dames.
122	43	qui se débouche	qui débouche.
130	4	de son irrigation	l'irrigation.
145	7	navires	ports.

Dunkerque. — Typographie Benjamin KIEN, rue Nationale, 22.

PLAN DE DUNKERQUE

et des environs

PAR M. DURAND *

Publié par Ch. Maillard.

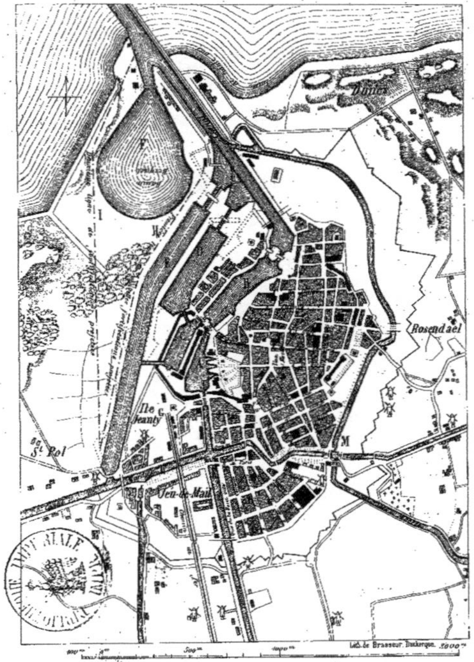

Nota: *Voir pour la description générale le mémoire sur le régime des eaux par Mr DURAND, qu'on peut se procurer chez CH. MAILLARD, Éditeur, 6 Rue du Pied de vache, A DUNKERQUE.*

LÉGENDE

- A Arrière Port
- B Bassin du Commerce
- C Bassin de la Marine
- D Bassin en projet soumis à l'enquête et devant avoir son exécution immédiate
- E Canal de dérivation qu'il serait possible de transformer en bassin à flot pouvant communiquer avec le Canal de Mardick mis à usage de port militaire ou de bassin des chasses.
- F Bassin des Chasses dit Becquet
- G Station du Chemin de fer.
- H Ligne indiquant les nouvelles fortifications en projet pour couvrir le canal de dérivation.
- I Autre projet de ligne de fortifications comprenant dans l'enceinte le bassin des chasses.
- J Écluse de Bergues.
- K Pont rouge.
- L Sas du Jeu de mail.
- M Sas octogone à la porte de Furnes.
- N Écluse de la Cunette dont le radier représente le zéro de la basse mer.
- • Signe indiquant les fontaines publiques propres à combattre les incendies.

--- Les lignes ponctuées indiquent les fortifications qui doivent être déraitées pour l'emplacement du nouveau bassin à flot.

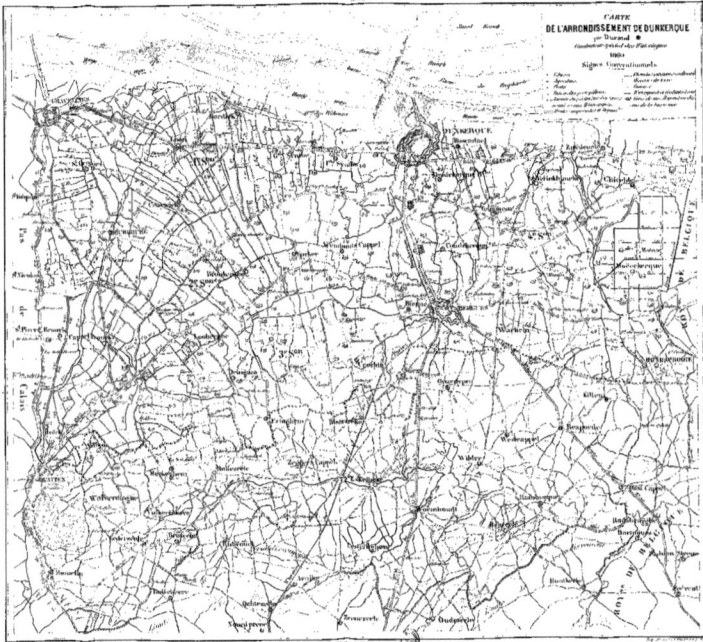

CARTE
DE L'ARRONDISSEMENT DE DUNKERQUE

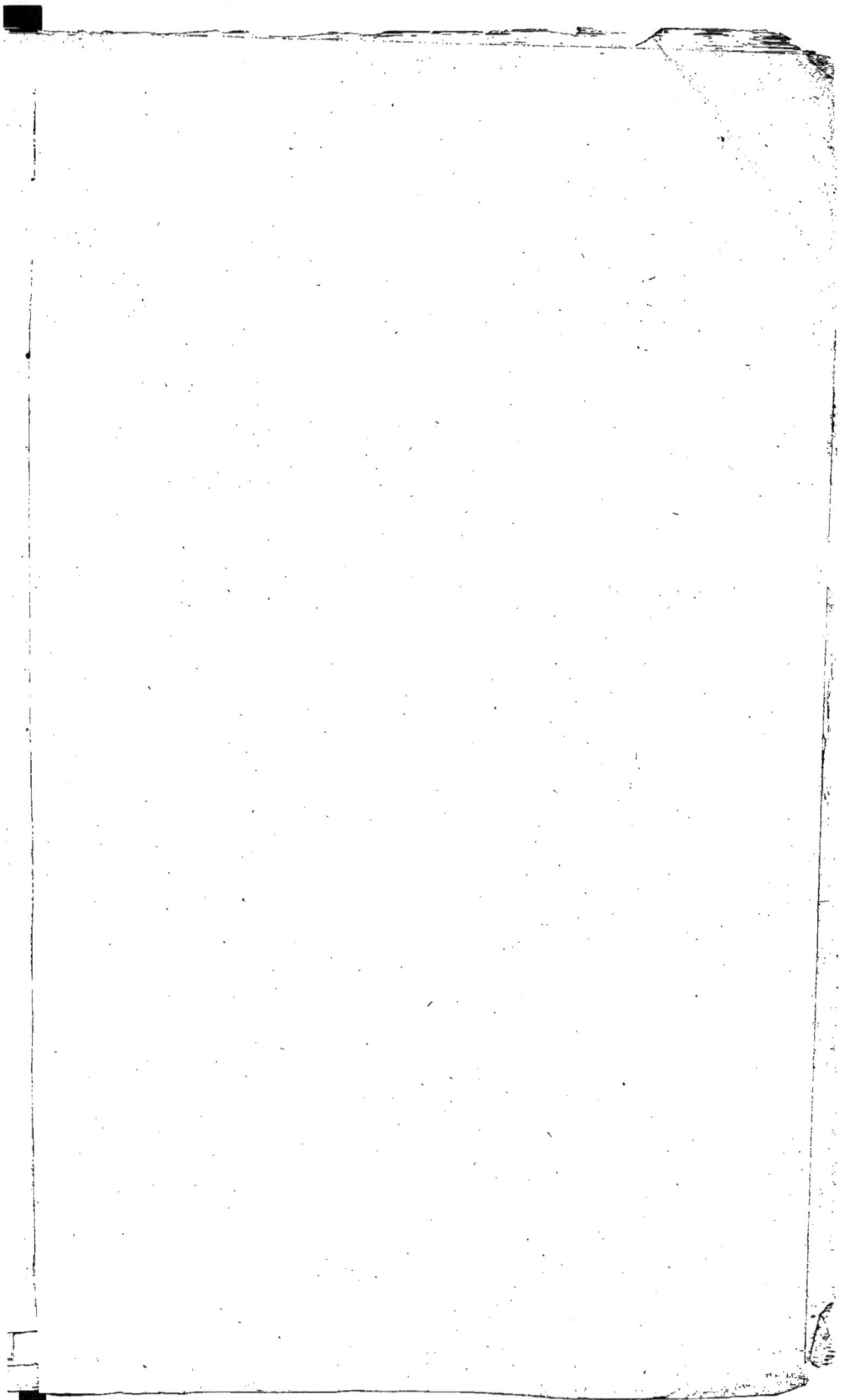

La Librairie Classique de Th. BOURLAND, à Bru...

Tous les livres classiques à l'usage ... des collèges, des institutions, des pensions et des écoles primaires, ainsi que tout ce qui concerne le matériel des classes.

... de livres de littérature ... avant des publications de ...

...

Grand assortiment de livres ...

...

On ... les libraires ...

...

...

www.ingramcontent.com/pod-product-compliance
Lightning Source LLC
Chambersburg PA
CBHW072044080426
42733CB00010B/1988